LIÇÕES DA MATERNIDADE ATÍPICA

MÔNICA PITANGA

LIÇÕES DA MATERNIDADE ATÍPICA

1ª Edição

2022

PONTOS DE AFETO
© 2022 by Mônica Pitanga
COORDENAÇÃO EDITORIAL: Eduardo Ferrari
EDIÇÃO: Ivana Moreira/Guilherme Sucena
CAPA, PROJETO GRÁFICO e DIAGRAMAÇÃO: Andreia Villar
REVISÃO DE TEXTO: Guilherme Semionato
FOTOGRAFIAS: acervo pessoal autor

Dados Internacionais de Catalogação na Publicação (CIP)
(eDOC BRASIL, Belo Horizonte/MG)

P681p   Pitanga, Mônica.
    Pontos de afeto: lições da maternidade atípica / Mônica Pitanga.
– São Paulo, SP: Literare Books International, 2022.
    188 p. : 14 x 21 cm – (Filhos Melhores Para o Mundo)

ISBN 978-65-5922-486-9

1. Maternidade atípica. 2. Parentalidade. 3. Pais e filhos. I. Título.
II. Série.
CDD 649.1

Elaborado por Maurício Amormino Júnior – CRB6/2422

Esta obra é uma co-edição EFeditores Conteúdo e Literare Books Internacional. Todos os direitos reservados. Não é permitida a reprodução total ou parcial desta obra, por quaisquer meios, sem a prévia autorização do autor.

EFEDITORES CONTEÚDO
Rua Haddock Lobo, 180 |
Cerqueira César
01414-000 | São Paulo - SP
(11) 3129-7601
www.efeditores.com.br
editora@efeditores.com.br

LITERARE BOOKS INTERNACIONAL
Rua Antônio Augusto Covello, 472 | Vila Mariana
01550-060 | São Paulo - SP
(11) 2659-0968
www.literarebooks.com.br
contato@literarebooks.com.br

FILHOS MELHORES
PARA O MUNDO

Esta obra integra o selo "Filhos Melhores para o Mundo", iniciativa conjunta das editoras EFeditores Conteúdo e Literare Books Internacional.

O texto deste livro segue as normas do Acordo Ortográfico da Língua Portuguesa.

1ª edição, 2022

Printed in Brazil | Impresso no Brasil

Dedico este livro aos meus pais, que me deram a vida e me passaram valores importantes.

Ao Bruno, meu companheiro há 21 anos, que me apoia e divide comigo os sonhos, alegrias e tristezas.

Aos nossos filhos, frutos desse amor. Foram eles que me conduziram ao caminho do autoconhecimento e da transformação. Eles são os mestres e eu, a aprendiz. Com eles, mais do que ensinar, aprendo todos os dias.

Introdução

Uma história alinhavada ponto a ponto

Bordado é uma técnica em que os fios são colocados ponto a ponto, nos lugares certos, para formar o desenho desejado. Bordadeiras usam vários tipos de pontos (ponto cheio, zigue-zague, caseado...), num trabalho que envolve muita sensibilidade. No final do processo, um tecido antes sem graça, sem vida, ganha colorido e novo significado: uma maneira de eternizar ideias e memórias.

Quando escolhi para a capa deste livro a imagem da minha família em um bordado, queria mostrar que a história aqui contada foi sendo construída e alinhavada ponto a ponto, com muito afeto. Porque afeto implica cuidado, é a relação que estabelecemos com as pessoas a partir das nossas emoções e sentimentos.

Uma boa história não pode ser apressada, ela vai se compondo devagarinho, como um bordado. Este *Pontos de afeto* contém dezenove anos de história de uma mãe e profissional que, por treze anos, sonhou em escrever um livro e passou nove meses do ano de 2022 finalmente o escrevendo.

Além de contar minha própria história, ao longo deste livro compartilho aprendizados e ferramentas para facilitar o caminho de outros pais. Meu maior objetivo com esta obra é contribuir para que outras vidas sejam transformadas positivamente.

Desejo que você possa costurar e bordar sua vida com criatividade e coragem para vê-la florescer e se transformar no futuro que almeja.

Boa leitura!

A autora

Prefácio

Uma das primeiras vezes que me cruzei com o termo "parentalidade atípica" foi na Certificação em Parentalidade e Educação Positivas, em plena pandemia, em 2020. (Aqui em Portugal usamos termos diferentes.) O mesmo era-me trazido pela aluna Mônica Pitanga, mãe de três e que se dedicava a dois grandes projetos: a maternidade e a ONG que tinha criado há uns anos.

Mônica, dona de um carisma evidente, partilhava com frequência a história da sua vida e da de Luísa, miúda com 15 anos naquela época, e que passei a seguir nas redes. Era admirável quem aquela jovem se estava a tornar, em que pesem as dificuldades reveladas pela sua mãe. Mas é assim mesmo: não há relação com ausência de conflitos, muito menos aquelas em que somos pais de adolescentes ou somos os adolescentes. Na altura, as questões mais presentes não se prendiam tanto com a condição de Luísa, mas mais com a relação pais/adolescente, e isso traz-nos para a normalidade dos vínculos que são feitos de altos e baixos.

Numa das ocasiões em que falei com a Mônica, disse-lhe que ela tinha de se dedicar a desenvolver um trabalho na área da Parentalidade Atípica, para apoiar as famílias. Era urgente trazer o seu conhecimento e prática do dia a dia e juntá-lo ao conhecimento que estava a adquirir. Afinal de contas, Mônica estava inscrita também na Certificação em Inteligência Emocional e Social e, depois, na Formação Avançada em Orientação e Aconselhamento Parental, para poder atender e acompanhar pais. Seria impensável não pegar sua paixão pelo estudo e usá-la como forma de chegar a mais pessoas que necessitavam desse conhecimento e prática. Aluna empenhada, dedicada e com um enorme foco em revelar a sua história, Mônica tinha-se formado conosco para que pudesse guiar e orientar pais.

De lá para cá, Mônica fez deste tema a sua bandeira. Orientou famílias, deu palestras e escreveu este livro autobiográfico. Gostei, especialmente, das cartas que Luísa e Bruno escrevem no final, espelho desta relação que vivem. Apreciei este relato autêntico e honesto que pode bem ser resumido numa das frases que tenho afixada na nossa Escola e que diz: "Não importa o que fizeram de nós, importa, sim, aquilo que fazemos com o que fizeram de nós."

Que todos possamos viver relações com maior significado e valor, tal como a Mônica aqui nos mostra.

Magda Gomes Dias

Fundadora da Escola da Parentalidade e Educação Positivas, Magda é uma das mais respeitadas especialistas em educação parental em Portugal, autora de livros como o best-seller "Crianças Felizes".

Capítulo 1
Deu errado mas deu certo!

Força é aquilo que somos capazes de construir a partir das nossas dores.

Lau Patrón

"Mônica, seja corajosa já!"

Quando escutei essa frase num curso que fiz, não fazia ideia do tanto que precisaria dela.

Era verão de 2003. Bruno e eu estávamos casados havia dois anos e resolvemos tirar férias do trabalho. O destino escolhido foi uma pousada na praia de Geribá, em Búzios (RJ). Bruno levou a prancha e, enquanto ele surfava, eu ficava na areia lendo meu livro, tomando sol e curtindo aquela paz.

Nosso quarto tinha uma varanda que dava para a praia, e era uma delícia acordar todos os dias e ver aquela bela paisagem. A gente almoçava na própria pousada e ficava na piscina até tarde, para assistir ao pôr do sol. À noite, tomávamos banho e saíamos para passear e jantar na Rua das Pedras. Estávamos com quase dois anos de casados e o clima era gostoso, de namoro. Passamos dias maravilhosos que me trazem ótimas recordações.

No mês seguinte, minha menstruação atrasou. "Meu Deus, será que estou grávida? E se tiver, como vai ser? Acho que está cedo ainda, podia esperar um pouco mais. Será que estou pronta e vou saber cuidar de outra vida?" Esses foram os pensamentos que passaram pela minha cabeça até eu descobrir que *sim*, estava grávida!

É estranho, porque, por mais que eu sempre quisesse ser mãe, na hora que me vi diante da possibilidade real, tive medo do caminho desconhecido e da imensa responsabilidade que é maternar.

No dia 10 de abril, com 23 anos, eu estava deitada na maca fazendo uma ultrassonografia e ouvindo pela primeira vez o coraçãozinho do nosso bebê bater forte: tum-tum... Que emoção!

Saímos de lá e logo espalhamos a notícia para toda a família; brindamos e comemoramos aquela nova vida que crescia no meu ventre. É uma menina... Viva! A primeira neta dos dois lados. Vai se chamar Luísa.

Enquanto a minha barriga crescia, eu corria de um lado para o outro tentando conciliar o trabalho, a obra, a mudança de casa e os preparativos do enxoval e do quartinho.

Eu estava me sentindo muito bem, disposta, fazia exercícios três vezes na semana e, à noite, Bruno e eu parávamos para conversar com a nossa bebê na barriga, e senti-la mexer. Eu sempre colocava a música do Tom Jobim para ela ouvir:

> *Vem cá, Luiza, me dá tua mão*
>
> *O teu desejo é sempre o meu desejo*
>
> *Vem, me exorciza, dá-me tua boca*
>
> *E a rosa louca vem me dar um beijo*
>
> *E um raio de Sol, nos teus cabelos*
>
> *Como um brilhante que partindo a luz*
>
> *Explode em sete cores, revelando então os sete mil amores*
>
> *Que eu guardei somente para te dar Luiza.*

A gestação correu bem, até que no sexto mês Bruno passou na prova para fazer um curso que ele queria muito, e foi para Los Angeles, nos Estados Unidos. Ele ficou 15 dias lá estudando e eu segui com a vida. Dois dias depois da sua chegada, tínhamos uma ultrassonografia de rotina marcada e lá fomos nós, animados para ver a Luísa. Só que naquele dia, a imagem revelou algo inesperado e a médica nos deu a seguinte notícia: "Mônica, você está com incompetência istmocervical. O seu colo do útero começou a dilatar e você corre o risco de ter um parto prematuro. Te aconselho ir para casa, ficar de repouso e amanhã procurar a sua ginecologista."

A incompetência istmocervical é quando o colo do útero apresenta uma abertura indolor, que resulta no parto do bebê durante o segundo trimestre de gestação.

De repente eu, que nunca tinha entrado num hospital, me vi internada para fazer um procedimento chamado cerclagem, uma sutura cirúrgica em bolsa, realizada sob anestesia, geralmente indicada logo após o terceiro mês da gestação, com objetivo de manter o colo uterino fechado até o final da gravidez.

Nos dias que sucederam, tive que cancelar tudo e ficar de repouso. Só levantava da cama para ir ao banheiro, tomar banho e me alimentar.

Nasci no primeiro dia do signo de virgem e sempre fui muito organizada. Gosto de um planejamento e da sensação de saber o que vem depois. Mas dali em diante eu não teria mais controle de nada.

Aproveitei para colocar a leitura em dia. Tinha comprado dois livros: O que esperar quando se está esperando e A vida do bebê, do médico Rinaldo de Lamare. Na época, há 18 anos, não tínhamos redes sociais nem o "Dr. Google", e foi ali, naqueles livros, que eu tirei minhas dúvidas e comecei a imaginar como seria a nossa bebê. Um dos livros era dividido em capítulos por idade gestacional e descrevia as mudanças que aconteciam em cada fase da gravidez, e o outro tinha uma espécie de *checklist* de como deveria ser o desenvolvimento do bebê em cada etapa — os tais marcos de desenvolvimento do nascimento até os dois anos de idade.

Na semana seguinte, comecei a sentir contrações uterinas e os exames de sangue detectaram uma anemia. Fui internada para tomar a medicação intravenosa: noripurum e inibina. Agora estava de repouso total no hospital e proibida de levantar por tempo indeterminado.

Foi aí que eu comecei a entender o altruísmo materno. A gente se esquece da gente e passa a viver em função de outro ser. Meu pensamento era fazer tudo que eu podia para segurar Luísa no meu útero por mais tempo. Compromissos, agenda, trabalho, vontades... nada mais importava. O tempo era contado em dias e semanas. Cada dia a mais que ela ficasse no meu útero seria motivo de comemoração.

Minha mãe ficou de acompanhante no hospital e Bruno, que continuava trabalhando, em alguns momentos revezava com ela.

Na madrugada do dia 3 de outubro, acordei com uma dor insuportável. Mamãe, assustada, chamou a enfermeira. Ela injetou uma medicação forte na minha veia, mas não adiantou. Eu continuava tremendo de dor. Ligaram para minha ginecologista e para o Bruno, que em poucos minutos chegaram no hospital (cidade pequena tem essas vantagens).

Ao me ver naquele estado, encolhida na cama sofrendo, a ginecologista resolveu interromper o parto. Fomos para o centro cirúrgico sabendo que nossa filha nasceria prematura.

Quando estava na maca saindo do quarto, minha mãe segurou firme na minha mão e falou no meu ouvido: "O Senhor é meu pastor, nada me faltará." E eu me lembrei da outra frase: "Mônica, seja corajosa já". Pelos corredores do hospital já não tinha cabeça para pensar em mais nada, tamanha dor que eu sentia.

Meu marido era cirurgião, conhecia toda equipe médica e de enfermagem, e estava à vontade naquele ambiente de centro cirúrgico. Já eu estava sofrendo com muita dor e medo, e só consegui relaxar quando a anestesia fez efeito.

A cesariana começou e, ao abrir minha barriga, a médica levou um susto! Tinha pus por todo lado. Luísa nasceu às 5h27, com a cor arroxeada, e não chorou. O Apgar dela foi 4. Teve que ser logo reanimada, entubada e levada para a UTI. Me entubaram também e, o que a princípio era para ser uma cesariana, de repente virou uma apendicectomia.

Eu acordei na UTI com o cirurgião segurando a minha mão e falando: "Sua filha nasceu, está na UTIN. Você teve apendicite supurada, está com a barriga aberta devido ao quadro séptico, mas pode ficar tranquila, pois você vai poder usar seu biquíni na praia. Eu consegui fazer tudo pelo corte da cesariana." E sorriu. Esse médico escolheu usar o senso de humor para me dar a notícia. Anos depois, eu aprenderia com a americana Jane Nelsen que essa é uma das ferramentas da Disciplina Positiva, metodologia desenvolvida por ela há mais de três décadas e difundida mundialmente: podemos usar o bom-humor num momento de tensão para deixar o ambiente mais leve.

Isso é um pesadelo? Será que estou sonhando? Naquele momento eu estava meio grogue, ainda sob efeito da anestesia, com sonda nasogástrica, sonda urinária, barriga aberta com infecção, num leito de UTI, longe da minha filha e da minha família. Eu não consegui responder nada para o doutor e só senti as lágrimas escorrendo pelo meu rosto. Definitivamente não era isso que eu tinha sonhado para o nascimento da nossa primeira filha.

O tempo não passava naquele lugar. Que ambiente frio e assustador! Eu não tinha sossego, pois toda hora vinha alguém medir minha temperatura, dar alguma medicação, lavar a sonda ou fazer curativos. Eu escutava o barulho dos aparelhos, percebia a tensão de todos naquele lugar e só desejava sair logo dali para conhecer a minha bebê.

Bruno apareceu e a cara dele não era nada boa. Como médico, ele sabia da gravidade e estava desolado. Ficava alternando entre as duas UTIs (neonatal e adulto), onde a filha e a mulher corriam sérios riscos de vida.

Três dias depois, eu voltei para o centro cirúrgico para lavar a barriga. Existia a possibilidade de ter que fazer uma histerectomia (retirada do útero), pois

tive peritonite (infecção no peritônio, camada que envolve todos os órgãos abdominais). Mas, para a surpresa dos médicos, quando abriram o curativo, viram que a infecção havia regredido e puderam preservar o meu útero. Fecharam a barriga e colocaram dois drenos para acompanhar a evolução.

Foram 10 dias de semi-UTI, tomando antibióticos fortíssimos, sem poder receber visitas nem ver a Luísa. Bruno e meus pais entravam na UTIN, tiravam fotos dela, dos detalhes do pezinho, da mãozinha, e traziam para eu ver, já que eu estava impossibilitada. Esses eram os poucos momentos que me faziam feliz.

Minha filha nasceu com 32 semanas, 1,87kg e 40cm, com infecção e um pulmão pelo qual só conseguia respirar com a ajuda de aparelhos.

Pela cara dos médicos que iam me visitar, eu percebia que a situação era grave. Por morar numa cidade pequena, a notícia logo se espalhou e começaram a chegar telefonemas de todos os lados com mensagem de coragem, flores com cartões e gente falando que estava orando por nós. Uma amiga da minha mãe trouxe uma imagem linda e grandona de Nossa Senhora da Rosa Mística e deixou lá no hospital. Outra senhora que foi lá rezar comigo trouxe um crucifixo enorme, que mamãe amarrou no suporte da TV na frente da minha cama. Nos piores dias, quando meu intestino ainda não havia voltado a funcionar, eu estava de dieta zero, tomando antibióticos fortíssimos, e a tensão e angústia eram grandes, era para aquela imagem que eu olhava e pensava: se Jesus aguentou firme na cruz, eu também vou aguentar. Eu rezava e suplicava pela nossa cura.

Durante todo esse tempo, as pessoas que estavam lá diziam que a minha calma e serenidade impressionava, que eu fazia tudo que precisava ser feito, sem reclamar ou questionar.

A autorregulação é a capacidade que temos de regular nossos impulsos e canalizar nossa energia para o que realmente importa. Naquele momento o meu pensamento era: "Preciso melhorar para sair daqui." O que ia adiantar se eu me revoltasse ou ficasse reclamando e dificultando o trabalho da equipe médica? Só ia desperdiçar energia e me afastar do que eu mais queria: ver a minha filha. Escolhi aceitar e colaborar. O tempo me exigia fé, coragem e muita paciência.

Somente após 10 dias do nascimento, eu pude entrar na UTIN, de cadeira de rodas, para conhecer a Luísa. Foi quando eu olhei para o seu rostinho pela primeira vez na incubadora. Ela estava entubada, cheia de fios, sondas, mãos amarradas e eu quase desmaiei. Minha pressão baixou e precisei ser socorrida. Acho que juntou a fraqueza de estar muito tempo deitada com a emoção de conhecê-la ali naquele estado.

No dia seguinte, recebemos a notícia de que eu tinha vencido a infecção e estava de alta hospitalar. Mas, infelizmente, nossa filha ainda precisava de cuidados e teria de ficar.

Quem é mãe de prematuro, sabe como é ruim ter de sair do hospital largando o seu bebê para trás. Ir para casa sem a filha nos braços; chegar e ver o quarto vazio; abrir mão de tudo que idealizamos. Essa é uma experiência dolorosa.

Foram mais 17 dias de UTIN, tirando leite na bomba e levando para o hospital duas vezes por dia, nos horários de visita.

Durante o período em que eu estava tomando antibiótico, eu tirava o leite e tinha que jogar fora. Agora em casa, havia criado um ritual de tomar banho e extrair o meu leite com a bomba. Enquanto fazia isso, escutava o programa do Padre Marcelo, rezando para que, através dele, nossa filha se fortalecesse.

Luísa melhorava lentamente, mas a situação ainda era delicada. Cada dia que chegávamos na UTI, tinha uma surpresa. Às vezes as notícias eram boas: desentubou, aumentou o consumo de 1ml de leite na sonda, engordou algumas gramas, o resultado do exame foi bom. Outras vezes, os médicos relatavam alguma piora. Nesses dias, ficávamos completamente sem chão. Decepção, angústia, cansaço, medo. Era difícil para mim conviver com a tal da imprevisibilidade. Eu nunca sabia como Luísa ia estar na próxima visita; quando eu poderia pegá-la no colo e amamentá-la; quanto tempo ainda faltava para ela ter alta e ir para casa. Eu me esforçava para preservar a lucidez diante daquele caos.

O ambiente numa UTI neonatal é pesado. A tristeza, o medo e a dor pairam no ar. Ter que lidar com o fato de não poder pegar a filha no colo nem amamentá-la, vê-la ali tão pequenininha e frágil, correndo risco de vida; chegar para a visita e ficar sabendo que a bebê que estava ao lado não resistiu e faleceu... É um teste grande, que exige de nós muita fé e inteligência emocional.

O conceito de inteligência emocional, segundo Daniel Goleman, diz respeito à capacidade de identificar os próprios sentimentos e dos outros; de nos motivarmos e gerirmos os impulsos, de modo a nos expressarmos de maneira apropriada e eficaz. Inclui também a capacidade de persistir num objetivo apesar dos percalços; de saber aguardar pela satisfação de seus desejos; de se manter em bom estado de espírito; de impedir que a ansiedade interfira na capacidade de raciocinar; também ser empático e autoconfiante.

Quando tudo isso aconteceu, eu tinha apenas 24 anos, ainda não havia feito a certificação em Inteligência Emocional nem lido livros sobre o assunto. Mas eu tive uma base familiar sólida, que me proporcionou uma maturidade emocional e me permitiu lidar de forma positiva com aquela situação desafiadora.

Os médicos cada vez mais admitem que as emoções exercem um papel importante na clínica do paciente. A esperança na recuperação tem poder curativo. Estudos mostram que pessoas que confiam na melhora são naturalmente mais capazes de suportar circunstâncias adversas e problemas de saúde.

O otimismo é um traço da inteligência emocional, assim como a esperança. Uma pessoa otimista é aquela que tem uma expectativa de que em geral tudo vai dar certo, apesar dos reveses e das frustrações. Do ponto de vista da inteligência emocional, o otimismo é uma atitude que protege as pessoas da apatia, da desesperança ou da depressão diante das dificuldades.

O Otimismo e a Esperança podem ser aprendidos. Por trás deles, está uma perspectiva que os psicólogos chamam de autoeficácia: a crença de que somos capazes de exercer controle sobre os fatos da nossa vida e de que podemos enfrentar os desafios quando surgirem.

No livro *Inteligência emocional*, Daniel Goleman diz que estudos feitos durante duas décadas, envolvendo mais de 37 mil pessoas, mostraram que o isolamento social e a sensação de que não temos com quem partilhar os nossos mais íntimos sentimentos duplicam a possibilidade de contrairmos alguma doença ou morrermos. A solidão está na lista de riscos emocionais para a saúde enquanto os laços emocionais estreitos estão na lista dos fatores protetores.

O poder curativo dos laços estreitos pode ser constatado num outro estudo com 100 pacientes de transplante de medula óssea. Entre os pacientes que contavam com grande apoio emocional dos cônjuges, família ou amigos, 54% sobreviveram ao transplante; contra apenas 20% daqueles que haviam relatado não ter esse tipo de recurso efetivo. Do mesmo modo, idosos que sofrem ataques cardíacos, mas que têm pessoas com quem podem contar emocionalmente, têm duas vezes mais probabilidade de sobreviver após a crise do que pessoas que não têm esse apoio.

Talvez a prova mais reveladora da potência curativa dos laços afetivos venha de um estudo sueco publicado em 1993. Ofereceu-se a 752 homens um exame médico gratuito. Sete anos depois, 41 deles morreram. Aqueles que, no primeiro exame, disseram estar vivendo sob intensa tensão emocional, tiveram uma taxa de mortalidade três vezes maior do que os que disseram que suas vidas eram calmas e plácidas.

Entre os homens que disseram ter uma rede confiável de intimidade, não houve qualquer correlação entre o alto nível de tensão e a taxa de mortalidade. O fato de terem pessoas com quem contar, conversar, pessoas que pudessem oferecer consolo, ajuda e aconselhamento, protegia-os do impacto mortal dos rigores e traumas da vida.

Goleman afirma que a qualidade e o razoável número de pessoas com quem nos relacionamos parecem ser fundamentais para amenizar as tensões. "São os relacionamentos mais importantes na vida da gente, as pessoas com quem mantemos contato cotidiano, que são importantes para a nossa saúde", diz ele.

Além do apoio emocional e cuidado da minha família e amigos, destaco aqui o carinho de alguns médicos e enfermeiras. O trato gentil e humano desses profissionais fizeram diferença na nossa recuperação.

Viktor Frankl foi um médico psiquiatra austríaco, fundador da logoterapia, que viveu os horrores dos campos de concentração nazistas e sobreviveu para contar a sua história e criar uma teoria sobre o sentido da vida. No livro *Em busca de sentido*, Frankl afirma que não podemos evitar o sofrimento, mas podemos escolher como vamos lidar com ele e como podemos encontrar um sentido na dificuldade que estamos vivendo.

Para Frankl, o ser humano pode superar qualquer adversidade na vida quando encontra o verdadeiro sentido dela. E foi isso que eu fiz: me agarrei ao sonho de conhecer a minha filha, ficava imaginando como seriam os momentos com ela em casa, e assim conseguimos vencer aqueles dias difíceis. A fé em Deus também foi uma ferramenta importantíssima! Nos piores momentos, era a Ele que eu recorria. Cada vez que eu orava, o meu coração se acalmava.

A maternidade atípica me pegou de surpresa e me transformou por completo. A vida que eu conhecia — daquela menina na praia de Búzios — ficou para trás.

Esses dias, li uma citação de Osho que acho que se encaixa bem aqui:

> *Diz-se que, mesmo antes de um rio cair no oceano, ele treme de medo. Olha para trás, para toda jornada, os cumes, as montanhas, o longo caminho sinuoso através das florestas, através dos povoados, e vê a sua frente um oceano tão vasto que entrar nele nada mais é do que desaparecer para sempre.*

Mas não há outra maneira. O rio não pode voltar. Ninguém pode voltar. Voltar é impossível na existência. Você pode apenas ir em frente. O rio precisa se arriscar e entrar no oceano. E, somente quando ele entra no oceano, é que o medo desaparece. Porque apenas então o rio saberá que não se trata de desaparecer no oceano, mas tornar-se oceano. Por um lado, é desaparecimento e, por outro lado, é renascimento.

Assim como o rio, a minha vida agora teria um outro tempo e ganharia um novo sentido.

Naquele outubro de 2003, Luísa nasceu e eu renasci.

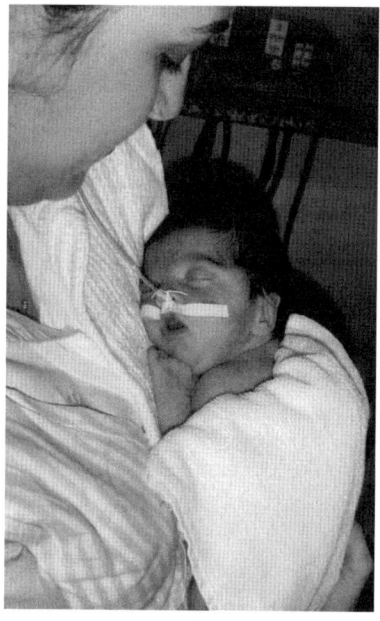

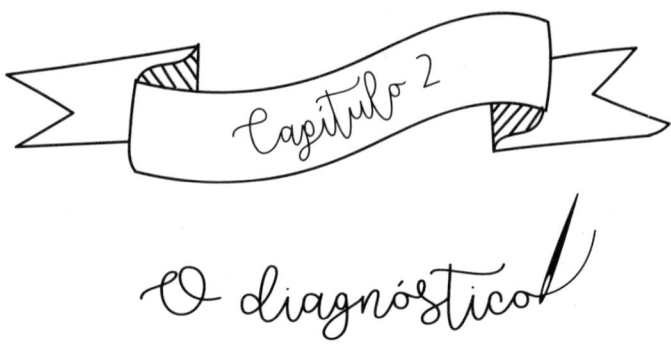

Capítulo 2
O diagnóstico

*Não importa o que fizeram com você. O que importa
é o que você faz com aquilo que fizeram com você.*

Jean-Paul Sartre

Finalmente nossa filha estava em casa. Era um alívio poder pegá-la no colo sem ter aquele monte de aparelhos que nos atrapalhavam. Mesmo com todo o estresse, consegui amamentá-la e, quando encontrei pela primeira vez o seu olhar, havia amor e medo, esperança e cansaço.

Eu estava feliz por termos vencido a infecção e a prematuridade, mas ao mesmo tempo eu olhava para o berço e via uma bebê magrinha, pequena e frágil; uma bebê que exigia muitos cuidados e era bem diferente daquela que idealizei. As roupas ficavam enormes e tinham que ser dobradas; tinha uma lista de medicamentos para tomar com hora marcada; precisava mamar com mais frequência e complementar o leite materno, pois não tinha força suficiente para sugar; não podia receber visitas, pois ainda não tinha atingido o peso para tomar as primeiras vacinas, chorava muito e não dormia direito à noite. O medo de ter alguma intercorrência e ter de voltar para o hospital me rondava. Nada do que eu tinha vivido até ali havia me preparado para aquilo. Eu sentia culpa por olhar para a minha filha e desejar que ela fosse diferente, ao mesmo tempo que eu a amava muito e agradecia por ela estar viva.

Os dias foram passando e, quando eu já estava me acostumando com aquela nova rotina, o pediatra detectou uma infecção urinária. Luísa teria que tomar mais dez dias de antibiótico venoso. O médico decidiu, então, mantê-la no cuidado domiciliar para preservá-la dos riscos de uma nova infecção hospitalar. De 12 em 12 horas, uma equipe de enfermagem vinha em nossa casa para aplicar a dose do remédio. Era doído para mim ver Luísa sendo toda furada na tentativa de pegar uma veia para tomar o antibiótico ou fazer a transfusão de sangue. Eu pensava: "Meu Deus, será que eu não vou ter um minuto de paz?"

Diferente de quando eu estava internada no hospital me mantendo forte e calma, minha vontade agora era só chorar. Eu estava exausta e sentia um medo muito grande de perder a minha filha. E não queria que nada daquilo estivesse acontecendo. A angústia e a frustração fizeram morada; já a coragem não conseguia mais achar espaço em mim.

Não estava bem. Minha cabeça naquele instante era um labirinto de pensamentos e vozes. Ao mesmo tempo que tinha fé ("Mônica, seja corajosa, vai dar tudo certo"), outra voz que também era minha desacreditava: "O caso é complicado, sua filha está fraca e pode não resistir dessa vez." Eu estava perdida, sem saber o que ia acontecer. Eu tinha que ser forte para cuidar da minha filha, que estava precisando de mim. Mas a verdade é que eu também precisava de colo e ser cuidada.

Em momento nenhum me foi oferecida ajuda psicológica. E eu nem lembrei que podia pedir. Não tinha tempo para pensar em mim. Entre fraldas, mamadas, cólica, medicações, choro, noites mal dormidas, ainda tinha consultas no pediatra, avaliação com o oftalmologista, fonoaudióloga, cardiologista (Luísa saiu da UTI com sopro no coração), eram muitos exames daqui e dali.

Nossa filha começou a crescer e engordar. Mas algo estava estranho. Ela não estava acompanhando os marcos evolutivos do desenvolvimento infantil descritos no livro do Dr. Rinaldo Delamare nem do seu cartão de vacinas.

Além disso, minha irmã, que tinha tido neném dois meses depois de mim, veio passar as férias aqui no Espírito Santo e eu ficava comparando o desenvolvimento do meu sobrinho com o da Luísa. Beto era grande, gordinho, tranquilo, mamava no peito, dormia a noite inteira e já era todo durinho. Luísa ainda não firmava o pescoço, era hipotônica, toda molinha. Às vezes apresentava uns padrões de espasticidade muscular também (ponta de pé, ombros rodados para dentro e braços rígidos). Eu falei com o pediatra sobre as possíveis alterações e ouvi dele que bebê prematuro era assim mesmo e que depois de dois anos essas diferenças se igualariam.

Quando Luísa completou 9 meses, por insistência da minha mãe, resolvemos levá-la num neuropediatra, que pediu uma ressonância magnética e detectou que minha filha teve uma leucomalácia periventricular de grau leve. Começava ali uma corrida por terapias, na tentativa de minimizar as sequelas da lesão.

Depois de tudo que havíamos passado, aquele diagnóstico me caiu como mais um desafio a ser enfrentado. Minha filha estava viva e eu precisava agir. Eu tinha que dar conta e ponto final. O médico falou que tínhamos que aproveitar a famosa janela de oportunidade e que os seis primeiros anos seriam decisivos para sua evolução. Luísa teve uma paralisia cerebral e já havia perdido 9 meses sem terapias por falta do diagnóstico. Então, Bruno e eu conversamos e decidimos que era melhor eu interromper minha carreira para me dedicar exclusivamente ao tratamento dela.

Passei a viver em função da agenda da minha filha. Eu queria que ela andasse e falasse como todas as outras crianças. Era fisio, fono, equoterapia, hidroterapia, psicóloga, terapia ocupacional, psicomotricidade, laboratório da marcha, médicos e exames. Todas as brincadeiras eram pensadas para estimular a fala e a parte motora dela. Eu tinha que vigiar sua maneira de sentar — ela só gostava de sentar com a perna em W —, tinha de fazer os exercícios da fisioterapia e pensar em posturas que alongassem a sua coluna. No parquinho, Luísa só queria ficar sentada no balanço e eu precisava fazer com que ela se interessasse pelos brinquedos que exigiam movimento, como o escorregador ou escalada. Essa verdadeira peregrinação em busca da tal normalidade era cansativa demais para ela — que não tinha tempo livre para ser criança — e também para mim, que não descansava, não conseguia respirar e curtir os momentos com minha filha sem me preocupar com a tal estimulação precoce. Eu amava a Luísa, mas, nessa época, ainda não aceitava de verdade a deficiência dela.

Hoje, quando atendo mães atípicas ou participo de rodas de conversa, vejo que todas passaram por essa fase de sofrer com o diagnóstico e querer consertar o filho com deficiência antes de aceitá-lo.

Mas por que será que isso acontece?

Desde a barriga da mãe, é comum que o casal comece a depositar naquela vida que se inicia uma reprodução das suas idealizações e sonhos. Fazemos planos e imaginamos como o bebê será. Como vai se chamar? Com quem vai parecer? Do que vai gostar? Criamos expectativas e idealizamos a nova vida.

"Não importa se é menino ou menina, eu só quero que meu filho venha com saúde, que venha perfeito!" Você já ouviu ou falou frases como essa? Eu já!

Esse modelo "perfeito" de filho não inclui uma criança com deficiência.

É natural desejar que nossos filhos venham com saúde. Mas precisamos estar cientes que o contrário também acontece. E se o bebê não vier saudável ou nascer com alguma deficiência? O que faremos?

No Brasil, há um grande número de crianças aguardando adoção, esperando por uma família e por serem amadas. Aqui no país, quem quiser adotar uma criança com deficiência ou doença crônica tem prioridade no trâmite processual garantido por lei. Mas quase 70% dos pais que pretendem adotar só aceitam crianças sem deficiência.

Mas por que não adotar uma criança atípica? Por que a maioria das pessoas não quer essas crianças em seu convívio?

Acho importante refletir porque isso acontece e para isso precisamos falar do capacitismo, que é todo tipo de preconceito que as pessoas com deficiência sofrem. Ele se baseia numa lógica eugenista que separa pessoas em categorias: as que estão dentro de certo padrão são vistas como normais e perfeitas; já as pessoas com deficiência são vistas como inferiores, incapazes, dignas de pena e chamadas de atípicas. A sociedade capacitista enxerga a deficiência como um erro, como algo que precisa ser consertado, superado ou corrigido. Essas crenças históricas e culturais estão arraigadas em nós e seus efeitos podem ser vistos e sentidos a todo momento.

Um pouco de história

Quando estudamos a história das pessoas com deficiência pelo mundo, nos deparamos com muita exclusão e violência. Esses corpos sempre foram escondidos, segregados e aprisionados por serem quem são — isso quando não eram descartados no nascimento.

Na Grécia antiga, a sociedade tinha como costume supervalorizar o corpo humano, sendo intolerante com qualquer tipo de característica física que não se enquadrasse aos padrões. Os homens deveriam ser aptos e capazes de participar ativamente de guerras e batalhas, enquanto as mulheres deveriam ser capazes de gerar crianças saudáveis. Os recém-nascidos eram apresentados a uma comissão de sábios, que avaliavam: se o bebê era normal e forte, ele era devolvido aos pais. No entanto, se a criança parecia "feia, disforme e franzina", indicando algum tipo de limitação física, os anciãos ficavam com a criança e, em nome do Estado, a levavam para um abismo onde ela era morta.

Na Roma antiga, a intolerância contra pessoas com deficiência também era uma realidade. A Lei das Doze Tábuas, que constituiu a origem do direito romano, determinava o sacrifício de bebês que nasciam com má formação física. Essa visão de extermínio das pessoas com deficiência se alterou na Idade Média, muito por influência da Bíblia e da concepção religiosa que passou a ser adotada. A partir de então, a pessoa com deficiência adquire um status humano, possuidor de alma, não devendo mais ser descartado da sociedade como antes. O abandono nessa época passou a ser condenado e as pessoas com deficiência foram acolhidas, principalmente em asilos e conventos. Mas isso não resultou na integração da pessoa com deficiência.

A visão religiosa dominante durante o período da Idade Média e da Idade Moderna enxergava a deficiência como uma punição ou um castigo divino; assim, a pessoa que a possuía deveria conviver com essa deficiência para "pagar" os seus pecados. A hostilidade e o preconceito continuaram a ser praticados contra essas pessoas, que ainda eram vistas como inúteis socialmente.

No início da Segunda Guerra Mundial, indivíduos que tinham algum tipo de deficiência física ou doença mental eram executados pelo programa de eutanásia involuntária de Adolf Hitler, que os nazistas chamavam de "T-4". Mais de 270 mil pessoas com deficiência foram mortas nessa época.

A noção de inclusão surgiu especialmente após a Segunda Guerra Mundial. Isso porque uma das consequências da guerra foi uma enorme quantidade de sobreviventes com algum tipo de deficiência, principalmente física, por conta das batalhas travadas. O continente europeu estava devastado e era preciso retomar as atividades econômicas e industriais da região, que carecia de mão de obra. Dessa forma, esforços começaram a ser feitos para integrar os sobreviventes de guerra que tinham deficiência no mercado de trabalho. Todo esse contexto gerou um impacto na sociedade, que passou a buscar soluções e alternativas para incluir as pessoas com deficiência.

Historicamente, tais pessoas estavam em um cenário de exclusão. Estavam abaixo da Lei: pessoas com deficiência podiam ser abandonadas, mortas e exiladas; a violência contra elas era permitida e as leis não se aplicavam a elas. Não eram cidadãos. No âmbito da educação, não iam à escola, não tinham direito ao saber comum. Algumas eram escondidas em casa pela própria família, que tinha vergonha de mostrá-las.

As primeiras escolas especiais segregadas do Brasil datam do Império, com a criação de duas instituições: o Imperial Instituto dos Meninos Cegos, em 1854, atual Instituto Benjamin Constant (IBC), e o Imperial Instituto dos Surdos-Mudos, em 1857, hoje denominado Instituto Nacional de Educação de Surdos (INES), ambos no Rio de Janeiro. Em 1926 foi fundado o Instituto Pestalozzi, instituição especializada no atendimento às pessoas com deficiência intelectual; em 1954, foi estabelecida a primeira Associação de Pais e Amigos dos Excepcionais (APAE).

Foi só na década de 1970 que a discussão relacionada aos direitos das pessoas com deficiência realmente ganhou relevância. Nessa época, começaram a surgir as primeiras declarações da história relativas aos direitos das pessoas com deficiência. Para quem se interessar em saber mais sobre esse assunto, recomendo um documentário na Netflix chamado *Crip Camp: revolução pela inclusão*, que mostra a vida de algumas pessoas que foram fundamentais na criação da lei que garante os direitos das pessoas com deficiência nos Estados Unidos.

Em 1981 foi declarado pela ONU o Ano Internacional das Pessoas com Deficiência, que teve como objetivo chamar a atenção do planeta para a criação de leis e movimentos para dar ênfase à igualdade de oportunidades para essas pessoas.

No Brasil, em 2015 foi aprovada a Lei Brasileira de Inclusão (LBI), que visa assegurar e promover, em igualdade de condições com as demais pessoas, o exercício dos direitos e liberdades fundamentais das pessoas com deficiência. Mas ainda hoje, em 2022, famílias têm a vaga negada quando tentam matricular seus filhos com deficiência nas escolas regulares. Essas crianças recebem olhares preconceituosos, são vistas como "problemas", não são convidadas para as festinhas de aniversário, não conseguem acessar muitos lugares que continuam sem acessibilidade, e os pais se veem exaustos, em meio aos tratamentos médicos e a luta pelo direito do filho pertencer.

Vivemos numa sociedade que separa, exclui e não acolhe quem é diferente. E, por estarmos inseridos nessa estrutura capacitista que percebe a deficiência como algo muito ruim, os pais se entristecem e temem o futuro quando recebem a notícia de que o filho tem algum tipo de deficiência. Eles sabem que terão de enfrentar muitas batalhas que infelizmente ainda precisam ser travadas.

Em 1987, a escritora americana Emily Perl Kingsley, mãe de Jason, que tem Síndrome de Down, escreveu uma fábula para descrever a experiência de dar à luz uma criança com deficiência. Segundo ela, ter um bebê é como planejar uma fabulosa viagem de férias – para a Itália!

"Você compra montes de guias e faz planos maravilhosos! O Coliseu. O Davi de Michelangelo. As gôndolas em Veneza. Você pode até aprender algumas frases em italiano. É tudo muito excitante. Após meses de antecipação, finalmente chega o grande dia! Você arruma suas malas e embarca. Algumas horas depois você aterrissa. O comissário de bordo chega e diz: — Bem-vindo à Holanda! — Holanda!? — diz você. — O que quer dizer com Holanda!? Eu escolhi a Itália! Eu devia ter chegado à Itália. Toda a minha vida eu sonhei em conhecer a Itália! Mas houve uma mudança de plano de voo. Eles aterrissaram na Holanda e é lá que você deve ficar", diz Emily.

Ela prossegue: *"A coisa mais importante é que eles não te levaram a um lugar horrível, desagradável, cheio de pestilência, fome e doença. É apenas um lugar diferente. Logo, você deve sair e comprar novos guias. Deve aprender uma nova linguagem. E você irá encontrar um grupo de pessoas que nunca encontrou antes. É apenas um lugar diferente. É mais plano e menos ensolarado que a Itália. Mas, após alguns minutos, você pode respirar fundo e olhar ao redor, começar a notar que a Holanda tem moinhos de vento, tulipas e até Rembrandts e Van Goghs".*

E a escritora americana concluí: *"Mas todos que você conhece estão ocupados indo e vindo da Itália, estão sempre comentando sobre o tempo maravilhoso que passaram lá. E por toda sua vida você dirá: — Sim, era onde eu deveria estar. Era tudo o que eu havia planejado! E a dor que isso causa nunca, nunca irá embora. Porque a perda desse sonho é extremamente significativa. Porém, se você passar a vida toda remoendo o fato de não ter chegado à Itália, nunca estará livre para apreciar as coisas belas e muito especiais sobre a Holanda".*

Quando desejamos muito que algo saia de uma maneira e isso não acontece, é normal que nos sintamos frustrados. Quanto maior for a distância entre o que idealizamos e o que realmente aconteceu, maior será o nível de estresse.

No livro *Longe da árvore*, Andrew Solomon diz que o ditado "a maçã não cai longe da árvore" significa que as crianças geralmente se assemelham a seus progenitores. No decorrer do livro, o autor traz histórias de famílias que têm filhos que são surdos, que tem síndrome de Down, nanismo, autismo, esquizofrenia, múltiplas deficiências; que são prodígios, filhos concebidos por estupro, que cometeram crimes, ou que são transexuais. Segundo o autor, essas crianças que são "estranhas" a seus pais são como maçãs que caíram em outro lugar — umas a alguns pomares de distância, outras do outro lado do mundo.

A diferença marcante de uma criança em relação ao resto da família exige conhecimento, competência e ações que uma mãe e um pai típicos geralmente não estão preparados para oferecer, ao menos de início. No entanto, muitas famílias aprendem a tolerar, aceitar e por fim celebrar crianças que não são o que elas originalmente tinham em mente.

O livro de Salomon traz um estudo que mostra que ter um filho com deficiência ensinou aos pais o que realmente é importante na vida, aumentou sua empatia, gerou crescimento pessoal e fez com que amassem seu filho ainda mais do que se ele tivesse nascido sem a deficiência. Outro estudo concluiu ainda que 88% dos pais atípicos sentiam-se felizes quando pensavam nos filhos. Quatro em cinco concordaram que a criança deficiente tinha aproximado a família, e nada menos do que 100% subscreveram à declaração de que "aumentou a compaixão pelos outros devido a experiência".

Por mais que um fato à primeira vista pareça impossível de ser bom, podemos escolher olhar para ele como uma oportunidade de crescimento. O que essa situação poderá me ensinar? Essa é uma pergunta inteligente. Uma atitude de negação e revolta trará dor e resistência, tornando tudo mais difícil. Aceitar o que não pode ser mudado é sábio e nos faz bem.

O sofrimento vem de não aceitar as coisas que não podem ser mudadas como realmente são. Eu não posso mudar o diagnóstico da minha filha. Mas eu posso olhar para ela com "novas lentes" e enxergá-la além desse diagnóstico. Quais são os seus pontos fortes? O que ela consegue fazer? O que ela mais gosta? Como posso ajudá-la no dia a dia? Como posso me conectar com ela?

A aceitação não é uma linha reta. É um processo com altos e baixos e leva tempo. É um caminho que cada família terá que percorrer. O diagnóstico é o ponto de partida e a aceitação é o que fará essa caminhada se tornar mais leve e harmoniosa. É o que nos permitirá curtir o caminho sem nos preocuparmos tanto com a linha de chegada.

Precisamos aceitar sem conformismo, mas com esperança, a fim de criarmos possibilidades e nos abrirmos para aprender com o novo. Aceitar a mãe que somos verdadeiramente para os nossos filhos, dentro das nossas possibilidades e com todas as nossas limitações. Aceitar o bebê real — aquele que chora, que manifesta o que a gente está sentindo, que tem a sua própria complexidade e personalidade, que tem necessidades físicas e afetivas — e deixar de lado o bebê ideal, aquele que a gente sonhou durante a gravidez. Aceitando, tudo fica mais leve, tudo se encaixa e faz mais sentido.

Mariana Rosa é jornalista, educadora, escritora, ativista e mãe da Alice, uma linda e esperta garotinha com paralisia cerebral. No seu livro O diário da mãe da Alice, ela traz uma frase de que gosto muito: "Quando se decide ter um filho, decide-se acolher a vida, seja lá como for." Mariana continua: "O sofrimento que a doença traz causa traumas cuja dimensão só se pode avaliar com o correr do tempo. Mas o fundamental para cada filho à espera do nascimento na barriga de sua mãe é a certeza de ser amado e desejado. Assim como o mais importante para cada mãe é saber ser capaz de amar. O amor é o princípio da força e da cura de todas as vidas, de toda uma vida."

Com Luísa, eu aprendi a abrir mão do desejo de controlar, passei a viver centrada no momento presente, tive de olhar para minhas crenças e reconhecer meus preconceitos, me senti vulnerável e impotente, mas, por mais contraditório que possa parecer, também me senti forte: ressignifiquei o meu jeito de estar no mundo e entendi que a vida depende de como a vemos.

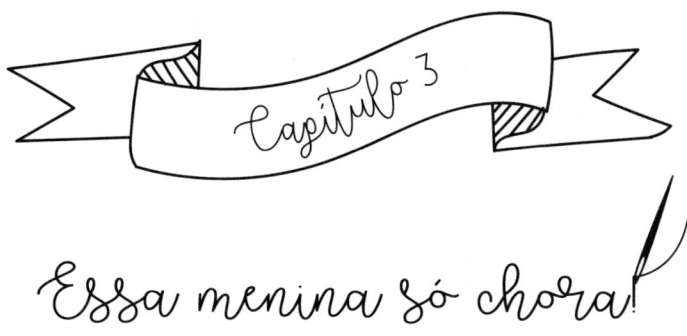

Capítulo 3
Essa menina só chora!

> *Enquanto nosso coração interior*
> *estiver chorando, a criança também vai chorar.*
>
> *Laura Gutman*

Os primeiros meses de Luísa em casa foram de muito choro! Trocar fralda, vestir a roupa após o banho, dar alguma medicação, tudo era sempre complicado. No fim do dia, então, o chororô aumentava e eu pensava: "Deve ser cólica, vai passar." Esse era o pior momento — quando eu ficava sozinha com ela, esperando o Bruno chegar do trabalho —, nessas horas, sentia uma angústia enorme no peito. À noite, ela acordava várias vezes e tinha um sono agitado, o que por vezes me fazia pensar que tinha alguma coisa de errado com a minha filha. Em uma das consultas de rotina, o pediatra falou que poderia ser refluxo e passou mais duas medicações. Logo iniciamos, mas o choro não melhorou quase nada.

Lembro de ouvir da minha mãe que Luísa chorava porque a minha ansiedade estava passando para ela. Mas naquela época eu não tinha capacidade de enxergar isso e esse comentário só fazia com que me sentisse pior. Eu pensava: "Como eu posso estar fazendo mal para minha própria filha?"

Luísa só se acalmava no meu colo e por vezes eu me sentia cansada e sufocada. Por outro lado, quando ela estava dormindo no berço, eu ficava

indo lá toda hora para ver se tinha alguma coisa errada e se ela estava respirando. Eu definitivamente não conseguia relaxar e curtir o presente com a minha filha.

O puerpério é a fase que acontece no período pós-parto e diz respeito a todas as mudanças corporais e emocionais pelas quais a mulher passa em um curto espaço de tempo. Tudo muda: os hormônios mudam, o corpo muda, as necessidades mudam e o ambiente também muda. Agora existe um bebê — um pequeno ser humano que também está passando por uma nova fase, descobrindo o mundo fora do ventre da mãe. Esse já costuma ser um período difícil e confuso emocionalmente quando tudo sai bem na gestação e no parto. Agora imagine no meu caso e no das outras famílias atípicas que tiveram um início conturbado? Todos esses sentimentos difíceis e o cansaço ficam potencializados.

Hoje fica claro que Luísa estava manifestando um sentimento que era meu. A necessidade de colo e o choro não eram dela. Na verdade, eram meus.

Laura Gutman, terapeuta e escritora argentina, descreve em seus livros o fenômeno da fusão emocional mãe-bebê. Ela se refere ao fato de que, durante um período, não há fronteiras entre o campo emocional da mãe e o campo emocional da criança. Sobre isso, trago aqui um trecho do livro *Mulheres visíveis, mães invisíveis*: "Seria maravilhoso se a maternidade se limitasse a colocar em nossos braços o bebê rosado e feliz que sorri nas páginas das revistas e se nossa vida seguisse o seu curso de uma maneira ainda mais plena do que antes. Porém, a realidade invisível de cada uma de nós costuma ser diferente.

Não dispomos de palavras para nomear o que acontece conosco quando estamos com uma criança no colo. É uma mistura de angústia, alegria, perda de identidade, vontade de desaparecer, cansaço, orgulho, sonho e excitação. Ser mãe é se deixar inundar pela loucura de compartilhar um mesmo território emocional com a criança."

O puerpério compreende cerca de quarenta dias e foi pensado no aspecto físico, hormonal e ginecológico. Na cesariana, sete camadas são cortadas até se chegar ao útero para a retirada do bebê e, com isso, a mulher vai precisar fazer repouso e evitar carregar peso durante as primeiras semanas. Nos casos de parto normal, o canal vaginal precisará recuperar a musculatura pélvica, que muitas vezes sofre com lacerações e episiotomia (corte na região do períneo para ampliar o canal do parto). Nesse período, a mãe enfrenta um grande desafio que é a amamentação. É preciso muita paciência, já que rachaduras no bico dos seios e mastite são problemas frequentes. A fase é também da volta dos órgãos abdominais a seus lugares; além disso, o útero se recupera e assume sua forma normal. As alterações nas mulheres nesse período também são influenciadas pela redução de dois hormônios importantes: a progesterona e o estrogênio, que em baixa quantidade podem colaborar para quadros de instabilidade emocional, como medo, irritabilidade, pensamentos tristes e até a depressão pós-parto. Junte tudo isso à falta de sono e à novidade de ter que cuidar de um bebê 24 horas por dia e o que teremos? Mães que precisam ser cuidadas.

Mas, nessa fase, toda a atenção da família costuma ser voltada para o bebê, sobretudo quando ele tem algum problema de saúde ou deficiência. E o que acaba acontecendo é um certo abandono com o cuidado da mãe. E aí vem a pergunta: quem cuida de quem cuida? "O bebê chora o que a mãe cala." Compreender o choro e a angústia do bebê passa por entender os sentimentos e os pensamentos do subconsciente da mãe.

Laura Gutman traz o conceito de "puerpério emocional", um período que dura mais ou menos dois anos. Segundo ela, no parto acontece uma separação física, mas a mãe e o bebê permanecem fusionados no mundo emocional, numa espécie de simbiose. Nesse período, o bebê mergulha no que a mãe está sentindo; é como se fossem dois seres em um só. Com isso, a mãe, que está desdobrada em dois campos emocionais, experimenta um estado alterado de consciência. No pós-parto, o inconsciente vem muito à tona e os aspectos mais ocultos da mãe são colocados "no espelho", o que a autora chama de sombra. Essa sombra da mãe se manifesta no filho.

O choro do bebê pode ser, sim, de ordem física, de saúde, mas, se o médico constatar que está tudo certo, a nossa pergunta então não deveria ser "o que está acontecendo de errado com o meu bebê?" ou "por que ele chora tanto?", e sim: "por que eu choro tanto, ou tenho uma vontade de chorar tão forte, e minha filha não consegue ficar tranquila para se conectar comigo?"

Muitas vezes, as respostas estão no nosso interior, e só vamos conseguir olhar para a frente se antes olharmos para dentro. Mas é preciso coragem para encarar essas questões. O que eu estou sentindo? Como foi o meu nascimento? Como era a relação dos meus pais quando eu nasci? As minhas necessidades emocionais, enquanto filha, foram atendidas?

O bebê muitas vezes expressa o que nós, mães, queremos esquecer: situações confusas vividas na nossa infância, perdas afetivas, carências e dores do nosso passado. A maternidade é o momento em que mais se manifestam as nossas sombras, e é difícil reconhecer isso. O caminho do autoconhecimento, do mergulho nas nossas feridas emocionais, é longo e desconfortável, mas vale muito a pena aproveitar esse momento como uma oportunidade de cura da nossa criança interior.

Jogar a poeira para debaixo do tapete, dizer que não temos tempo, que estamos ocupadas demais, ou bancarmos a vítima, culpando o nosso passado, nada disso nos trará o crescimento pessoal e a libertação de que precisamos.

A fusão emocional pode se transformar então em um caminho de autodescoberta. Esse é um ótimo momento para tomarmos consciência e compreendermos que a história que nós tivemos com os nossos pais irão influenciar diretamente a relação que teremos com os nossos filhos.

No livro *Pais e mães conscientes*, Shefali Tsabary afirma que "criar filhos nos expõe com frequência a situações conflituosas entre nossa mente e nosso coração, de tal forma que a tarefa de educar uma criança pode ser comparada a andar numa corda bamba".

A maternidade me virou do avesso. Após o nascimento da Luísa, eu senti a necessidade de mergulhar em meu interior. Foi visitando com honestidade os lugares feridos do meu coração que pude me conhecer melhor e compreender de onde vinham aquelas emoções todas. Ressignifiquei algumas situações do passado para me transformar na Mônica que sou hoje.

Descobri que uma educação amorosa, leve e respeitosa só é possível a partir da tomada de consciência dos pais. Quando os pais estão envolvidos na sua própria dor, não conseguem responder às necessidades dos filhos nem se conectar com eles. Mas, quando os pais estão conscientes e em contato com sua alegria interior, as crianças crescem com leveza de espírito e confiança na vida.

A relação que tivemos com nossos pais está na base de tudo e repercutirá em todas as relações sociais futuras que estabelecemos ao longo da vida. Antes de sermos pai e mãe, nós fomos filhos. E é sobre isso que falaremos no próximo capítulo. Vocês estão prontos?

Capítulo 4

O que recebemos de nossos pais

O que acontece na infância não fica na infância.

Aline Cestaroli

Eu estava no primeiro Congresso Internacional de Educação Parental, em 2021, quando ouvi da palestrante Patrícia Nolêto a seguinte pergunta: "Quando foi que você começou a ser pai ou mãe?" As respostas foram diversas. Para algumas pessoas, a história de ser pai e mãe começou no dia em que receberam o teste de gravidez com resultado positivo; outras disseram que se sentiram pais ao escutar o coraçãozinho do bebê bater pela primeira vez no ultrassom; há ainda aqueles que precisaram pegar o filho no colo para que a ficha caísse. Mas, naquele dia, a palestra foi um convite para que eu pudesse pensar na parentalidade que começou lá atrás: naquilo que recebi de meus pais, que, por sua vez, receberam de meus avós, que receberam dos bisavós e assim por diante. Patrícia, que é mãe da Clara, psicóloga e escritora, nos apresentou a família como sendo uma corrente infinita, com vários elos conectados uns aos outros. Atrás de nós estão os nossos antepassados e tudo o que recebemos deles; na nossa frente, estão nossos descendentes (filhos, netos, bisnetos...) com tudo que entregamos e construímos com eles.

Vocês já tinham parado para pensar que aprendemos a ser pais e mães quando ainda éramos filhos e filhas? Todo adulto carrega a criança que foi um dia e o que viveu na infância vai influenciar o pai ou a mãe que vai se tornar.

Um dos aspectos que nos fazem ser quem somos diz respeito à hereditariedade — que, segundo a ciência, é a transferência das características de pais para filhos. Se pensarmos no aspecto físico, todas as células que formam nosso organismo se originaram de uma única célula chamada ovo ou zigoto, que foi formada no momento da fecundação do espermatozoide de nosso pai com o óvulo de nossa mãe. Tanto os espermatozoides como os óvulos carregam cromossomos, estruturas que contêm os mais de 20 mil genes com informações sobre cada uma de nossas características. Se temos os olhos castanhos ou azuis, os cabelos lisos ou encaracolados, se somos altos ou baixos, se nascemos com alguma doença, é porque nossos genes têm um código específico para isso.

Mas a gente carrega muito mais dos nossos pais do que a genética e as características físicas. Herdamos também valores, coragem, medo, força, autoconfiança, resiliência, paciência (ou a falta dela), ansiedade, empatia. Herdamos o que é bom e o que não é. O ambiente influencia muito a pessoa que nos tornamos. No decorrer da vida, vamos adquirindo potências e vulnerabilidades de acordo com as experiências que vivenciamos e com o modelo parental que recebemos.

Meus pais Nelson e Rosane se casaram aos 21 anos e logo saíram da cidade natal para morar numa cidade maior por causa do trabalho. Quando tinham seis meses de casados, engravidaram de mim. Eu nasci de cesariana, a contragosto da minha mãe, que queria muito um parto normal. Ela vem de uma família de oito irmãos, todos nascidos na roça, com parteira, e diz que se sentiu menos mãe por não conseguir parir como minha avó. Mamei no peito somente até os três meses e o desmame foi traumático. Tive problemas gastrointestinais devido a uma alergia ao leite de vaca. Minha mãe diz que eu vomitava, tinha diarreia e emagreci bastante nessa época. Os médicos da minha cidade não conseguiram resolver a situação e ela teve de me levar para o Rio de Janeiro para fazer o tratamento. Dois anos depois, nascia minha irmã e, cinco anos depois, o meu irmão. Aos 27 anos, meus pais tinham três filhos pequenos.

Minha infância foi tranquila. Nasci numa família de classe média e estudei em boas escolas. Viajava nas férias e brincava na rua com os amigos e primos como faziam as crianças na década de 1980. Minha mãe não trabalhava fora; era presente e ficava por conta de nos levar e buscar nas várias atividades diárias. Fui uma criança saudável e nunca sofri *bullying* ou exclusão. Tive o privilégio de ter nascido num corpo socialmente aceito, com uma beleza "padrão" e nunca soube o que era não pertencer até ter uma filha com deficiência.

Eu fui a filha mais velha, toda organizada e certinha; obediente, sempre tirava boas notas na escola e recebia elogios por isso. Foi estudando a Parentalidade Positiva que entendi que o excesso de elogios lá na infância me causou uma baita insegurança e dificuldade em dizer não. Por vezes, na vida adulta, passei por cima da minha própria vontade, preocupada em agradar os outros. Sentia-me pressionada a viver de acordo com as expectativas dos meus pais, amigos, marido, filhos... E isso era muito pesado para mim. Entendi também que, em muitos casos, pessoas que buscam o reconhecimento das outras tiveram uma educação baseada em recompensas e punições. Se você realiza a ação apropriada, é elogiada. Se realiza a ação imprópria, é punida.

Na tentativa de buscar amor e aceitação, durante a nossa infância, podemos acabar cedendo às expectativas de nossos pais e abrindo mão de sermos quem realmente somos.

Hoje compreendo que essa foi a forma que a minha criança encontrou para se sentir aceita e amada, para pertencer. Mas, agora como adulta, consciente e responsável, tenho recursos para lidar com isso. Quando a menina insegura teima em aparecer para me atrapalhar, eu lembro que cresci e não preciso mais ficar usando a máscara da perfeição. Sou livre para ser quem eu sou e seguir o meu próprio caminho, aquele que eu acredito e me faz bem.

No meu trabalho como Educadora Parental, sempre oriento os pais sobre a importância de encorajar os filhos em vez de apenas elogiar. Acho importante entender os efeitos que cada abordagem traz no longo prazo na criança e então, com consciência, decidir como agir dali para a frente.

É comum acharmos pais que elogiam bastante seus filhos. E essa é uma atitude que parece temporariamente funcionar e motivar o bom comportamento. Quem não gosta de ser elogiado, não é mesmo? Mas você sabe qual é o resultado disso a longo prazo? Vou explicar.

O elogio ensina as crianças a ficarem "viciadas" na aprovação externa, deixando-as inseguras, ao focar na perfeição e no resultado. O elogio deve ser como um doce, que pode ser saboreado de vez em quando.

Já o encorajamento permite que os filhos percebam o quanto são capazes; valoriza o esforço e ensina a validação interna. Ao encorajar nossos filhos, estamos os ajudando a olhar para eles próprios e reconhecer seu potencial, sem necessitar da aprovação e da opinião dos outros. O encorajamento é como um alimento saudável, essencial, que a gente precisa comer todos os dias.

Para entender melhor a diferença, eu trouxe este quadro:

	Elogio	Encorajamento
No dicionário	Julgamento favorável que se exprime em favor de alguém; discurso em louvor de alguém.	Dar ou tomar coragem, ânimo, estímulo; incentivar.
Foco	Na pessoa: "Bom menino!"	No ato: "Bom trabalho!"
Reconhece	O produto completo, perfeito, o resultado.	O esforço e a melhora.
Faz com que	A criança queira mudar pelos outros e fique viciada em aprovação.	A criança queira mudar para agradar a si mesma. Motivação interna.
Ensina	Dependência na avaliação dos outros. "O que os outros vão pensar?"	Autoavaliação. "No que eu acredito?"
Exemplos	"Que desenho lindo! Você é um ótimo menino!", "Estou orgulhosa de você! Fez tudo direitinho!", "Você é tão esperta!" "Você já é um menino grande."	"Você deve estar orgulhoso de si! Tenho fé que vai aprender com o erro!", "Obrigada pela sua ajuda!", "Você está aprendendo mais a cada dia."
Efeitos a longo prazo	Dependência dos outros. A criança se sente valorizada quando os outros a aprovam.	Confiança na própria capacidade e recursos internos. A criança se sente valorizada mesmo sem a aprovação dos outros.

O encorajamento cria filhos resilientes, fortes, responsáveis, com boa autoestima. A criança vai percebendo que, quando se esforça e dá o seu melhor, é possível alcançar seus objetivos. Essa abordagem ensina às crianças que há uma série de competências que elas precisam adquirir para torná-las mais autônomas, independentes, capazes de fazer o que desejam e seguras de si.

Voltando à educação que recebemos dos pais, lembrar o que foi bom e agradável é sempre mais fácil. A gente tem uma tendência natural a repetir com nossos filhos o que nossos pais faziam com a gente. Tenho lembranças, por exemplo, de ir para a escola todos os dias com mamãe dirigindo e rezando. E hoje, vejam só: também faço isso com os meus filhos. O almoço lá em casa era sempre com meus pais e irmãos, sentados à mesa conversando. E esse é um hábito que mantemos aqui também: fazer as refeições juntos e sem televisão ligada.

Se você teve uma infância positiva e feliz, com suporte emocional dos seus pais, provavelmente buscará relações dentro desse padrão que aprendeu a amar. Mas, se cresceu num ambiente tóxico, abusivo ou desequilibrado, a tendência é que atraia inconscientemente relações parecidas. Quebrar esse ciclo exigirá um esforço de sua parte.

Como foi o estabelecimento de vínculo entre você e seus pais? Você se sentiu amada(o) ou rejeitada(o) na infância? E como isso reflete nos seus relacionamentos hoje? O que recebeu de bom e de ruim dos seus pais? E o que está entregando para seus filhos?

Nossas crenças sobre o mundo, as pessoas e quem somos são formadas baseadas no que vimos, ouvimos e sentimos da nossa infância até a puberdade. Até que ponto nossos pais nos fizeram acreditar que éramos boas pessoas, capazes e merecedores de grandes feitos? E você, acredita na capacidade do seu filho ou filha? Se é uma criança com deficiência, consegue enxergá-la além do diagnóstico?

Muitas crenças limitantes que temos hoje foram herdadas de nossos pais e avós e vão precisar ser desconstruídas para alcançarmos novos resultados. Para facilitar a compreensão, sugiro que imagine que herdou uma casa de herança. Para algumas pessoas, o imóvel virá com vazamento, piso estufado, parte elétrica comprometida, paredes estragadas, telhado caindo... e vai precisar de uma grande reforma, talvez até de uma demolição, para começar uma nova construção do zero. Já para outras, a casa herdada estará mais apresentável, habitável, mas mesmo assim pode precisar passar por alguns ajustes para deixá-la do seu jeito. Qual é a "casa" que você quer deixar para seus filhos e netos de herança? Que tal começar a cuidar dela agora para que consiga entregar o que você gostaria de ter recebido?

Todas as decisões que tomamos ou deixamos de tomar hoje estão relacionadas com o que acreditamos sobre nós mesmos e sobre a vida. Se fomos amados, encorajados e valorizados pelos nossos pais, temos crenças positivas a nosso respeito, boa autoestima e senso de valor próprio. Com isso, buscaremos relacionamentos saudáveis com pessoas que nos valorizam e nos querem bem. Mas, ao contrário, se durante nossa infância sentimos que não éramos importantes, que não tínhamos voz, se éramos comparados e nos fizeram crer que os outros eram sempre melhores que nós, podemos nos sentir atraídos por relacionamentos abusivos e tóxicos.

Nós não conseguimos voltar no tempo e mudar o que vivemos no passado e o que recebemos de nossos pais. Mas podemos olhar para as situações difíceis, de carência, dor e desconforto, a fim de compreendê-las e ressignificá-las. Hoje, com a maturidade de adultos, podemos compreender a dinâmica familiar na qual fomos inseridos e optar por mudar de agora em diante.

Sugiro que pare agora um pouquinho a leitura para fazer um exercício. Feche os olhos, faça algumas respirações profundas e tente se lembrar dos bons momentos que viveu na infância. O que seus pais faziam que deixava você feliz? Quais são as memórias que deixaram saudade, que lhe trazem um sentimento gostoso quando são recordadas? Consegue se lembrar de algo divertido que faz você ter vontade de sorrir? Guarde esses momentos.

Agora respire fundo novamente, feche os olhos e se conecte com o que você não gostou na sua infância; com o que faltou, com aquilo que gostaria de ter recebido e não recebeu, com o que foi ruim e você gostaria de esquecer e não reproduzir mais com seus filhos.

Quais são os sentimentos que atravessam você quando pensa na sua infância? Todos nós temos lembranças boas e ruins dessa época. Trazer isso para o consciente irá nos ajudar a não repetir a parte ruim que recebemos. Podemos fazer escolhas conscientes daqui para a frente. Que tipo de pai e mãe eu sou e que tipo de pai e mãe eu gostaria de ser? O que eu gostaria de dar para meus filhos que não tenho dado? Estou reservando um tempo precioso para brincar com eles? Tenho sido uma mãe ou pai carinhoso e afetuoso?

Muitos de nós tivemos pais que não tinham consciência de como suas atitudes autoritárias, agressivas ou negligentes poderiam impactar a vida dos filhos. Eles não tinham acesso a muitas informações que temos hoje e apenas repetiram padrões negativos de educação que receberam. Honrar pai e mãe é reconhecer que eles fizeram o melhor que podiam, com as ferramentas que tinham. E que, apesar de qualquer dor, eles nos deram o presente mais valioso: a Vida!

Mas, agora, somos uma geração que pode mudar isso. Com a internet e a facilidade de acesso à informação, além dos muitos livros, cursos e abordagens terapêuticas existentes, podemos escolher cuidar das nossas "feridas" da infância e mudar os rumos das nossas vidas, construindo uma nova história. Por meio de novas escolhas que fazemos diariamente, podemos nos tornar adultos mais saudáveis, com uma vida mais leve e feliz. Mas, se por medo da dor, do que vamos achar escondido no nosso inconsciente, optamos por ficar onde estamos, estaremos sendo responsáveis por repassar essas "feridas" de geração em geração. E isso também é uma escolha.

Definitivamente não é fácil mudar crenças e romper com padrões preestabelecidos, mas isso é possível, e é o único caminho que nos levará para a mudança que desejamos. Mudar é um processo que começa com o desejo, depois passa pela conscientização e pela aceitação, para só depois conseguirmos fazer as escolhas mais adequadas.

Vivemos em um mundo onde é comum nos atermos às expectativas alheias para nos encaixarmos e sermos populares, para conseguirmos muitas curtidas e ganhar seguidores. Mas isso muitas vezes nos impede de viver plenamente, sendo quem realmente somos, e cria uma ansiedade, um vazio, uma desconexão do que realmente importa.

No dia em que entendi que a mulher adulta que eu era guardava a criança que fui um dia, decidi ir ao encontro dessa criança e o que achei foi uma menina ferida, carente, querendo mais colo e atenção. Uma menina que não foi vista e acolhida como gostaria.

Quando entrei em contato com minha criança interior, a acolhi e perdoei, me senti mais forte, mais potente. Hoje sei que a minha história de vida está a serviço da minha missão. E é de mãos dadas com a minha criança que consigo olhar para o futuro e ter coragem para tomar as decisões e realizar os sonhos.

Hoje, aos 43 anos, vejo o quanto há da filha que fui um dia na mãe que me tornei. Honro meus pais por terem me dado a vida e parte do que sou.

Quanto mais eu me conheço, mais eu me curo, me potencializo e me aproximo da pessoa e da mãe que quero ser. Em vez de me preocupar com o que os outros pensam de mim, quero a liberdade de ser quem eu sou. Além disso, quero ser uma ponte para os meus filhos e ajudá-los a crescer alinhados com sua essência, com seus desejos e potencialidades, com aquilo que nasceram para ser. Quero que eles tenham a coragem de não agradar, que enxerguem a vulnerabilidade como potência, que tenham compaixão por eles próprios e possam aprender com seus erros. Quero que minha educação e exemplo facilite o caminho deles e os ajudem a chegar num futuro brilhante, seguro e pleno, onde eles sonharam chegar.

Que a gente possa sempre lembrar que a educação que estamos oferecendo hoje a nossas crianças e adolescentes chegará aos nossos netos, bisnetos e assim sucessivamente. Ao sermos mães, estamos construindo futuros. Qual é o futuro que você deseja construir com seus filhos?

Capítulo 5
Sou a mãe deles!

Na vida podemos ter tudo. Só não podemos ter tudo ao mesmo tempo.

Magda Gomes Dias

Depois de outubro de 2003, deixei de ser a Mônica para me tornar "a mãe da Luísa". Minha vida agora girava em torno daquela bebê de olhos azuis e olhar cativante.

Organizar a nova rotina, garantir a alimentação, dar banho e remédios, colocar para dormir, levar para tomar sol, acompanhá-la nos médicos e terapias, conferir o cartão de vacinas, protegê-la dos perigos, entender suas necessidades... Tornar-se mãe é, sem dúvida, uma grande mudança! De repente, me vi tão envolvida na função de cuidar daquela pequena menina que me esqueci da outra — a menina que foi mãe aos 24 anos.

Luísa tinha 9 meses quando fomos ao Rio de Janeiro consultar com uma renomada neurologista. Eu queria entender por que nossa filha ainda não engatinhava, não sentava nem sustentava direito o pescoço. A médica escutou toda a história, examinou a Luísa e nos solicitou uma ressonância magnética do cérebro. Saímos de lá com encaminhamento, direto para uma clínica radiológica que ficava em Ipanema. No local, ficamos sabendo que, por ser véspera do feriado de 7 de setembro, não tinha nenhum anestesista lá de plantão, o que a princípio impossibilitaria a realização do exame na nossa bebê. O funcionário nos explicou que o exame era demorado, em torno de 40 minutos, e exigia que a paciente permanecesse imóvel durante todo o tempo dentro de um tubo que fazia um barulho bem alto, por isso a necessidade da sedação/anestesia. Argumentei que morávamos no interior do Espírito Santo e estávamos no Rio só para isso. Pedi encarecidamente para ao menos tentar, já que tínhamos vindo de tão longe em busca daquele diagnóstico. Ao ver minha angústia, o funcionário foi lá dentro, consultou alguém e voltou com a notícia de que poderíamos tentar, mas que seria uma missão quase impossível.

Bruno ficou lá fora conversando com a prima, que é médica, e eu entrei com Luísa no colo numa salinha onde ela teria de tomar o contraste. "Teria" porque vomitou tudo. Ali naquele momento desesperador, só me restava ter fé e rezar. Peguei meu terço e comecei a orar: "Ave Maria, cheia de graça... Nossa Senhora, passe na frente e abra todos os caminhos... Eu creio que Deus pode realizar esse impossível..." Pedi com muita fé que Luísa se mantivesse imóvel durante o tempo que fosse necessário para realizar aquele exame. Liguei para os meus pais e pedi que eles também ficassem em oração. Entramos na sala de ressonância. Deitei a minha bebê naquela maca fria, de barriga para cima. Ela estava um pouco sonolenta. Sussurrei no ouvido dela que não precisava ter medo, pois o exame não ia doer e eu estaria o tempo todo ali. Só precisávamos que ela se mantivesse imóvel, até acabar. De dentro de uma sala, separado por um vidro, o técnico deu sinal que era hora de começar. Respirei fundo e me posicionei ao lado do tubo que "engoliu" a minha filha. A cada barulho alto que era emitido, Luísa abria um pouquinho os olhos, mas não se mexia. Eu permaneci o tempo todo em pé ao lado da máquina, rezando e conversando telepaticamente com Luísa: "Fica calma, meu amor, a mamãe está aqui com você. Esse exame é importante demais, não se mova, fica bem quietinha que já, já termina e iremos para a casa da vovó." Não sei precisar quanto tempo ficamos ali. Só sei que chegou uma hora que a porta se abriu e o médico falou: "Acabou e, não me pergunte como, mas conseguimos realizar o exame sem a anestesia."

Enquanto escrevo essa parte, meus olhos se enchem de lágrimas; me emociono ao me lembrar desse que foi o terceiro momento desde o nascimento da Luísa em que precisei ser forte e senti a presença de Deus agindo através da minha fé. Esse versículo bíblico traduz o que vivi nesses momentos: "Por isso, por amor de Cristo, regozijo-me nas fraquezas, nos insultos, nas necessidades, nas perseguições, nas angústias. Pois, quando sou fraco, é que sou forte" (2 Coríntios 12:10).

Luísa nasceu com uma mancha vermelha no meio da testa em formato de V. Ao questionar o pediatra, ele nos falou que se tratava de um hemangioma, muito comum em recém-nascidos, e que eu não precisava preocupar, pois era benigno e, à medida que ela fosse crescendo, a marca iria clareando. O V da vitória ficou ali estampado na testa da minha filha pelo tempo necessário. Cada vez que olhava para ele, eu me lembrava de tudo o que havíamos vivido e vencido, e isso me dava forças para seguir adiante por um caminho que era totalmente novo e incerto e, por isso, me causava medo.

O resultado da ressonância mostrou uma paralisia cerebral, então Bruno e eu nos sentamos para conversar. Estávamos assustados diante do desconhecido. A neurologista nos indicou começar logo a fisioterapia, fono e terapia ocupacional, já que a falta do diagnóstico precoce nos fez perder um tempo importante. Em cada seção de fisioterapia, eu era orientada a segurar Luísa no colo de um jeito diferente; a brincar de uma forma direcionada; a vigiar a maneira como ela sentava, já que só gostava de sentar com as pernas em W e isso era péssimo para seu quadril; a colocar os brinquedos longe, para que ela se esticasse para alcançá-los; a encapar a mamadeira com tecido preto e branco para estimular a sua visão... Eu ouvia tudo atentamente e tentava seguir à risca. Eu sabia que ninguém, nenhuma babá faria pela minha filha o que eu podia fazer. Como o salário do Bruno era suficiente para cobrir as despesas da casa, decidi então interromper minha carreira para estar mais perto e poder me dedicar ao tratamento dela. A minha menina precisava de mim e eu precisava ser a mãe ideal para ela.

Com isso, durante um tempo eu acabei me esquecendo do meu lado mulher e me transformei num ser quase que exclusivamente materno. O que eu mais gostava de fazer? Quais eram meus sonhos? E minhas necessidades? Já não sabia mais. Estava muito ocupada sendo mãe de uma criança com necessidades e demandas bem específicas.

Por alguns momentos, eu esqueci que cuidar de mim era essencial para cuidar do outro. Eu não lembrei a velha história da máscara de oxigênio no avião: não dá para ajudar a criança ao seu lado se você não estiver respirando. Primeiro você, depois o outro. É difícil ser você em um processo como esse. Por um tempo, a gente se perde, se desconecta de quem somos e dos próprios sentimentos. Pegamos nossos sonhos, desejos e prazeres, e os guardamos numa caixinha que será aberta sabe Deus quando.

E esse é um ponto que precisa muito ser discutido: o autocuidado na maternidade atípica. Ter um filho com deficiência nos exige bastante, tanto no aspecto físico quanto no emocional. E, quanto mais pesada é a rotina, menos lembramos que existimos. Há alguns anos, a ciência tem estudado o estresse relacionado à parentalidade, e pesquisadores têm levantado dados que apontam que o nível de estresse parental é maior nas famílias de crianças com deficiência. Sabemos que, na grande maioria dos casos, a tarefa do cuidado com os filhos recai toda sobre a mãe.

Ao participar de uma roda de conversa com mães atípicas na qual o tema era "quem é a mulher atrás da mãe?", ouvi relatos de mulheres que não se permitiam sequer adoecer. Dormem e acordam com essa preocupação: "E se eu morrer, quem vai cuidar do meu filho?" Essas mães muitas vezes não têm ninguém para ajudar nos cuidados com suas crianças que têm demandas específicas. Só elas entendem o que o filho quer dizer. Só elas sabem dar as medicações, ajudar o filho num ataque epilético ou acalmá-lo numa crise sensorial. Sondas, traqueostomia, gastrostomia... são nomes complicados e procedimentos que elas têm de estudar para aprender a lidar com eles. Algumas acabam entendendo mais da doença rara do filho do que o próprio médico, tendo em vista a dificuldade de acesso a um especialista. Há aquelas que não podem contar com o pai da criança e se viram sozinhas (segundo dados divulgados pelo Instituto Baresi em 2012, no Brasil cerca de 78% dos pais abandonaram as mães de crianças com doenças raras, antes de os filhos completarem cinco anos de vida). Algumas não têm rede de apoio e percebem o afastamento dos amigos e familiares após se tornarem mães atípicas. Têm de largar o emprego, não conseguem escolas decentes e muitas vezes têm de enfrentar o capacitismo dentro da própria família. Quando falamos de mães de crianças com autismo, as pesquisas demonstram que os níveis de estresse são ainda maiores. Estamos nos referindo a um estresse cotidiano e crônico, que pode impactar diretamente a saúde e a qualidade de vida de quem cuida, causando ansiedade, cansaço, fadiga, depressão e até suicídio.

Quem cuida, deveria ter uma rotina de autocuidado. Mas a verdade é que, sem políticas públicas de qualidade que amparem essas mães e sem uma rede de apoio, cuidar de si torna-se um grande desafio.

Antes de prosseguirmos, sugiro que pegue um caderno agora e responda:

- O que é autocuidado para você?
- Você tem conseguido um tempo para se cuidar?
- O que mais gosta de fazer?

- O que lhe dá prazer, o que a abastece, faz você se sentir viva?
- Quais são suas necessidades e desejos? (Suas, não dos seus filhos.)

A partir dessas perguntas, a minha sugestão é que comece a fazer um diário. A escrita é uma ótima ferramenta para se escutar, para se conhecer melhor e colocar para fora o que está sentindo. O papel não vai julgar você, ali você pode ser quem verdadeiramente é. Pode escrever suas vitórias e agradecer o que tem acontecido de bom — o sentimento de gratidão tende a aumentar a nossa sensação de bem-estar. Pode também registrar os momentos difíceis e o que pretende fazer para superá-los, e, a partir disso, podem surgir soluções. Você pode também escrever seus objetivos, planejamentos e metas. Pode escrever cartas para pessoas queridas que precisa perdoar ou até para você mesma.

Eu comecei a fazer um diário no início da pandemia e recomendo muito essa prática. É de graça, você só vai precisar de alguns minutos por dia, um caderno e uma caneta ou lápis. Que tal experimentar?

Agora voltando ao **autocuidado**. Existem quatro tipos:

- O **físico**, que está relacionado ao cuidado com o corpo. É muito importante buscar uma alimentação saudável, praticar atividade física regular e dormir bem. Seu corpo é a sua casa. É onde você vai morar até o último dia da sua vida;

- O **social** é sobre construir bons relacionamentos, relações que contribuem para uma sensação de bem-estar. A conexão com outras pessoas é muito importante. A convivência com pessoas positivas traz impactos significativos para a nossa vida;

- O **espiritual** estabelece a importância de uma rotina de meditação, oração, conexão com a natureza, com o que você acredita e lhe faz bem. Pois é por meio dessa rotina que você conseguirá se conectar com os sentimentos de paz, amor-próprio e propósito de vida;

- O **emocional**, cujo grande fio condutor é o autoconhecimento. Ter o acompanhamento profissional de um psicólogo, vai ajudar você a se conectar com as emoções e a aprender a lidar de maneira positiva com os sentimentos que existem dentro de si.

Ao ler tudo isso você pode estar pensando: "Mas eu não tenho tempo para isso, não tenho rede de apoio, isso não é para mim, eu não consigo."

Eu quero te lembrar que você é a única pessoa responsável por sua vida. Você pode começar dando pequenos passos, pedindo ajuda a amigos, ao companheiro ou companheira, aos vizinhos. Você pode recorrer à internet com aulas e práticas gratuitas. Você pode se permitir não dar conta de tudo e abrir mão da casa superarrumada ou da comida saudável todos os dias em prol do seu bem-estar, de ter um tempo só para você.

O autocuidado não é uma atitude egoísta. Você merece olhar para suas necessidades com mais atenção e criar soluções possíveis. A partir do momento em que você cria hábitos rotineiros de autocuidado, contribui para uma melhora da sua saúde física, espiritual e psíquica. Não só você se beneficia, mas também todos à sua volta.

Dizer *sim* para os outros enquanto dizemos inúmeros *nãos* para nós mesmos tem um preço caro. E aqui eu falo como uma mãe que teve de sofrer para aprender.

Um dia eu estava na terapia e a psicóloga me fez a seguinte pergunta: "Mônica, quem são as pessoas mais importantes na sua vida?" E eu respondi: "Meus filhos, marido, meus pais..." Fui falando os nomes sem perceber que o meu não estava na lista. Saí daquela sessão bem pensativa.

Eu tinha me tornado a mãe da Luísa, dos gêmeos, do Thor e da Laila, a esposa do Bruno, a filha do Nelson e da Rosane... Mas e eu? Percebi que havia me perdido no caminho. Precisei me reencontrar e entender "quem sou eu? O que eu quero? Do que eu gosto?".

Nesse período, comecei a fazer ioga — uma ferramenta poderosa de autoconhecimento e de equilíbrio emocional. Ela trabalha o corpo, a mente e o nosso lado espiritual, e isso fez toda diferença para mim.

Ao olhar para as minhas necessidades não atendidas, decidi que era hora de estudar e me preparar para voltar ao mercado de trabalho. A graduação que fiz em Administração de Empresas valeu, mas não fazia mais sentido naquele momento. Eu queria algo que envolvesse educação, família, relacionamentos, pessoas. Voltei a estudar e comecei um plano de mudança de carreira. Para isso, contei com apoio do meu marido e com a compreensão das crianças. Hoje eu me realizo com o trabalho de Educadora e Orientadora Parental e palestrante/ativista da diversidade e da inclusão.

Quando atendo mães que me falam que a vida gira em torno dos seus filhos, e que eles são as coisas mais importantes de suas vidas; quando escuto que os filhos, mesmo grandes, ainda dormem com o casal; que a mulher, depois que foi mãe, nunca mais saiu um dia sequer sem os filhos; quando percebo que essas mulheres estão esquecendo de olhar para si, para suas necessidades, oriento-as sobre a importância do autocuidado.

Os filhos precisam do nosso carinho, cuidado, atenção, mas não devem ser a nossa única prioridade. É importante pensar no nosso bem-estar também. Porque se você não cuidar de você, quem é que vai cuidar?

Se queremos ter uma relação de mais amorosidade e leveza com nossas crianças, precisamos nos manter nutridas nas nossas necessidades de carinho, atenção, compreensão e pertencimento.

Quantas horas você tem dormido por dia? Você tem algum ritual noturno que favorece o sono ou fica no celular ou vendo televisão até tarde? Dorme e acorda cansada? Qual foi a última vez que tomou um banho gostoso e demorado? O que você pode abrir mão na rotina e descomplicar, para ter um tempo só para você? Tem escutado os sinais que seu corpo emite? Tem tido dores de cabeça ou nas costas? Insônia? Cansaço extremo?

Eu trouxe aqui algumas ideias que podem ajudar você:

- Sente-se e respire sempre que seu corpo pedir. Uma pausa de cinco minutos fará um bem imenso a você e não fará seu dia desmoronar;
- Comece a dizer mais *sim* para você, para o que faz sentido, e aprenda a dizer *não* para os outros. Entenda que, na forma tradicional com que a maioria de nós foi educada, aprendemos a achar que tínhamos de agradar os outros para sermos amados e a nos preocupar muito com "o que os outros vão achar". Esse lugar é pesado. Pense no *seu* bem-estar e faça escolhas conscientes;
- Selecione o que você está consumindo na internet ou na TV, escolha suas amizades, saia dos grupos de WhatsApp que não acrescentam nada à sua vida e aprenda a filtrar o que merece sua atenção. Seu tempo é precioso;
- Tenha momentos de lazer, de diversão. Liberte a sua criança interior: cante no chuveiro, dance sozinha na sala, assista a uma comédia e dê gargalhadas. Saia para tomar um café com uma amiga ou para jantar com seu parceiro ou parceira. Momentos de lazer aumentam a nossa paciência e assim explodimos menos;
- Escolha as suas "batalhas". O que vale a pena manter na rotina e o que você pode abrir mão? O que já não faz mais sentido e você continua reproduzindo automaticamente? Voltar atrás e refazer a rota, abrir mão de algumas escolhas ou projetos, faz parte e pode trazer um alívio danado.

Aqui em casa, Bruno e eu temos o hábito de viajar sozinhos, sem os filhos, duas vezes no ano: em maio, para comemorar as bodas — lá se vão 21 anos de casados —, e nos nossos aniversários, em agosto. Mas isso só é possível porque contamos com uma rede de apoio — meus pais e uma funcionária, que cuidam das crianças (do jeito deles) até a gente voltar. Quando estamos só nós dois, aproveitamos para conversar, namorar e fazer coisas que nos lembram a época que nos conhecemos. Isso nos abastece e fortalece o nosso relacionamento. Para os casais que não têm rede de apoio e não conseguem sair um final de semana inteiro, sugiro que saiam um dia ou algumas horas. Veja o que é possível para você. Isso vai fazer muita diferença.

Magda Gomes Dias, criadora do modelo da Parentalidade e Educação Positivas — uma filosofia de vida que tem por base o respeito mútuo entre adultos e crianças —, escreve no livro *Crianças felizes* que a regra número 1

da Parentalidade Positiva é: pais felizes = filhos felizes. Segundo ela, quando estamos felizes, nos sentimos mais capazes, com mais energia, com mais paciência, com mais capacidade de driblar as birras e cumprir com as funções chatas do dia a dia.

Quando estamos bem, em equilíbrio, também conseguimos ajudar os outros a estarem assim. A felicidade e o entusiasmo são sentimentos contagiantes. Alguém duvida?

Capítulo 6

Quero ser mãe novamente!

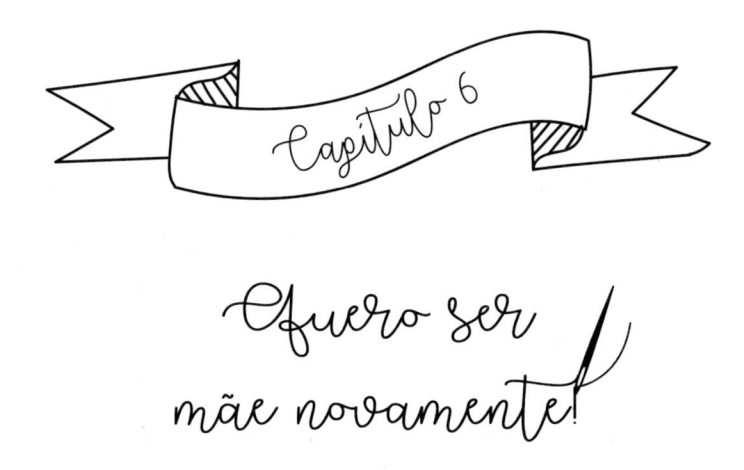

Não dá para acolher por inteiro uma criança
sem saber quem somos, nossas luzes e sombras.

Lydia Barros

Luísa estava com quatro anos quando decidi que queria ser mãe novamente. Eu já tinha me adaptado à rotina das terapias. Minha menina estava na escola, se comunicava bem, já não ficava mais doente, dormia a noite toda. Era hora de realizar o meu sonho! Eu sempre tive muita vontade de saber como seria levar uma gravidez até o final, ver o bebê nascer, pegá-lo no colo e senti-lo, tirar a clássica foto com o rostinho colado, sair do hospital com meu "pacotinho" nos braços, ir para casa e amamentá-lo. Eu não tinha vivido nada disso com Luísa.

Bruno topou e começamos as tentativas. Logo veio o resultado positivo no exame. Viva! Que alegria! Entre muito enjoo e moleza, eu já podia imaginar a barriga crescendo e meu sonho se concretizando. Luísa havia sido promovida à posição de irmã mais velha e estava curtindo a novidade.

Eu e Bruno estávamos com uma viagem marcada para o dia seguinte. O motivo: comemorar nossos seis anos de casados. Como a gente ia ficar alguns dias sem trabalhar, a agenda dele estava cheia e por isso não conseguiu me acompanhar na ultrassonografia naquela manhã de quinta-feira. Entrei sozinha na sala. Eu estava tranquila, pois sabia que naquele primeiro momento o exame não mostraria muita coisa. Era só ouvir o coração batendo, medir o colo do útero e pronto: arrumar as malas e curtir a nossa viagem.

Tum-tum, tum-tum, tum-tum... Que barulho mágico! Eu havia me esquecido de como era emocionante escutar a força dos batimentos cardíacos de um serzinho tão minúsculo, mas com a vida já pulsante. Eu estava deitada curtindo aquele som quando a médica, surpresa, exclama: "Mônica, veja só... você está vendo? São dois corações! Vocês terão gêmeos! E são univitelinos, estão sendo gerados na mesma placenta."

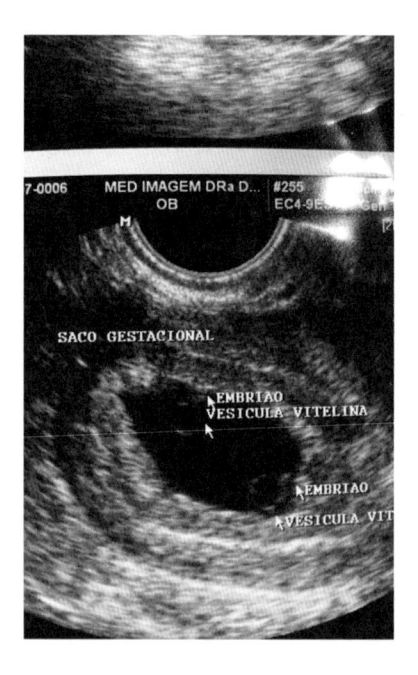

Pausa.

A dra. Denise Lara Muniz, ginecologista do Hospital Santa Clara, explica que os gêmeos univitelinos são originados de um único óvulo fecundado por um espermatozoide, que se divide e origina dois embriões idênticos, que têm a mesma carga genética e o mesmo sexo. De acordo com a doutora, as chances de gestação gemelar aumentam quando há casos na família da mãe.

Mesmo sabendo que minha avó paterna tinha tido gêmeos, nunca passou pela minha cabeça que eu seria a neta premiada e herdaria aquela chance.

Quando relembro aquele dia, consigo visualizar o rosto da radiologista rindo ao me dar a notícia. E eu atônita, parada, sem saber o que dizer ou sentir. Será que isso é um sonho? Ou pesadelo? Eu não estava acreditando. Não estava preparada para aquela notícia. De repente minhas pernas começaram a tremer muito de nervoso. A médica teve que segurá-las e me acalmar para conseguir terminar o exame. Por mais que eu quisesse, não conseguia ficar feliz com aquela notícia que para muitos era maravilhosa. Na minha mente, o único pensamento que vinha era: gravidez gemelar = parto prematuro = UTI. E eu não ia suportar viver tudo aquilo que tinha vivido com Luísa novamente.

Um medo muito grande tomou conta de mim. Eu estava sozinha ao receber aquela notícia e desejei do fundo do meu coração que o Bruno ou meus pais estivessem ali comigo. Eu precisava de um abraço ou de alguém me estendendo a mão e dizendo: "Segura aqui, você não está sozinha. Vamos vencer isso juntos, vai dar tudo certo, confia! Seja corajosa!"

Saí de lá sozinha, com o resultado do exame na mão, que mostrava duas bolinhas dentro do saco gestacional — embrião 1 e embrião 2 — e o laudo: "Gestação gemelar tópica monocoriônica de 6 semanas." Entrei no carro e, antes de dar a partida, liguei para o Bruno em prantos para contar. Ele ficou feliz com a notícia e preocupado comigo. Em seguida, liguei para meus pais, que tentaram me acalmar. Enxuguei as lágrimas, respirei fundo, liguei o carro e fui para casa. Luísa estava na escola; depois de tomar um banho demorado, sentei e fui pesquisar no Google. O que apareceu na minha pesquisa, naquele dia, foi: na gestação gemelar, os riscos de se desenvolver parto prematuro, pré-eclâmpsia, diabetes gestacional e crescimento fetal restrito, são maiores. É necessária uma alimentação balanceada com aumento do aporte calórico para evitar anemia materna. É importante o repouso e maneirar no excesso de atividades, principalmente durante o terceiro trimestre, por causa do risco de trabalho de parto prematuro. A gestação gemelar exige atenção, pois há mais chance de a mulher ter doença hipertensiva e outros problemas, como a ruptura prematura da bolsa. Além disso, os sintomas também são mais acentuados, pois o corpo produz uma quantidade maior de hormônios, assim, a mulher pode ter mais enjoos e dores de cabeça. Nas gestações gemelares, 60% dos partos ocorrem antes das 37 semanas. E, se a gestação é monozigótica, a prematuridade é uma regra. A gestação deve ser interrompida por volta das 34 semanas.

Fechei o computador e chorei, apavorada. Na minha cabeça se repetiam duas palavras: UTI, prematuros. UTI, prematuros. O medo de sofrer não me deixava enxergar a bênção que era poder gerar duas vidas ao mesmo tempo.

Logo a notícia se espalhou pela cidade e começamos a receber muitas felicitações. Todos que ficaram sabendo tinham a mesma reação de alegria. Algumas mulheres até invejavam e diziam: "Nossa, eu sempre quis ter gêmeos, acho lindo!" Para essas, eu olhava com uma cara de espanto e pensava: "Que loucura!" É que meu medo do parto prematuro era tão grande que jamais desejei ter gêmeos. Ter um bebê de cada vez era bem mais seguro.

As semanas foram passando e, aos poucos, fui me acalmando e acostumando com a ideia. Tomei conhecimento de alguns gêmeos que nasceram bem e não precisaram ficar na UTI. Me agarrei na fé e na esperança de que tudo ia dar certo. Eu queria muito realizar o meu sonho e essa era a chance.

Trinta dias passaram rápido e chegou a hora de ver nossos bebês no ultrassom novamente. Dessa vez, Bruno foi comigo. Deitei na maca e a médica começou o exame. Bruno estava sentado numa cadeira do lado esquerdo, de frente para a televisão, e conversava com a médica, que era nossa amiga. De repente, um silêncio na sala. Mexe para lá, mexe para cá e ninguém fala nada. Percebo que tem algo estranho. A doutora pede licença, levanta, sai da sala e volta com um outro radiologista também conhecido nosso. Agora são dois médicos passando o transdutor na minha barriga e olhando atentos para o monitor. Eles se olham e, com a cara triste, nos dão a notícia: "Não achamos mais batimentos cardíacos. Os bebês não têm mais vida e tudo indica que você os perdeu ontem, pois o tamanho deles está compatível com a idade gestacional. Você sentiu alguma coisa diferente hoje ou ontem, Mônica?" Respondi que não.

Olho para o lado e vejo Bruno afundando o corpo na cadeira, colocando as duas mãos no rosto, tapando os olhos e dizendo: "De novo não!" Nessa hora, me senti impotente, era como se eu estivesse num deserto.

Eles nos orientaram a ligar para o ginecologista para ver qual seria a conduta a partir dali. Saímos de lá direto para o outro consultório, que era perto. Na recepção, vi várias grávidas com o barrigão. Lindas! E eu só queria me esconder, me enfiar num buraco, com vergonha por não ter sido capaz de levar aquela gravidez adiante. Naquele dia, eu vestia preto e, atrás dos óculos escuros, tinha os olhos inchados de tanto chorar.

O doutor me consolou falando que abortos espontâneos são mais comuns do que a gente pensa e que uma em cada dez mulheres já sofreram ou vão sofrer abortos. De acordo com novas estimativas publicadas na revista médica The Lancet no dia 26 de abril de 2021, cerca de 23 milhões de gestações em todo o mundo terminam em aborto espontâneo a cada ano — isso é 15% do total.

O médico disse que o certo seria eu ir para casa, não fazer repouso e esperar o tempo necessário para que meu corpo reagisse e pudesse expelir naturalmente. Ele me disse que eu poderia sentir uma cólica forte e sangramento e, se isso acontecesse, era para avisá-lo.

Contra a minha vontade, fui para casa carregando filhos que não estavam mais ali. Que sensação esquisita ter de esperar meu organismo expulsar os dois coraçõezinhos que eu tinha escutado bater forte dias atrás. Eu perdi dois filhos... Ou duas filhas — não deu tempo de saber. Perder um filho é uma tristeza gigantesca. E perder dois, ao mesmo tempo, então?!

Em casa, fiquei pensando: "Onde estavam essas mulheres que sofrem aborto? Por que eu nunca soube que era comum?" Acredito que esse é um assunto que dói tanto que as pessoas preferem não falar a respeito. Foi só depois que aconteceu comigo que aparecerem pessoas conhecidas falando que entendiam a minha dor porque também já tinham passado por isso.

Precisava dar a notícia para Luísa:

— Filha, tenho uma notícia triste para te dar. Seus irmãozinhos não estão mais na barriga da mamãe. Agora viraram dois anjinhos olhando por nós lá no céu.

— Tudo bem, mamãe, eu já sabia! Depois você arruma outro irmão ou irmã. Agora vamos brincar?

— Vamos. Mas primeiro a mamãe precisa tomar um banho, tá?

Ah... Como as crianças nos surpreendem com esse jeito simples de enxergar coisas tão delicadas.

Saí dali, entrei no chuveiro e lembrei que, na noite anterior ao dia do ultrassom que descobriu que os corações de nossos bebês tinham parado de bater, eu estava deitada no sofá na casa dos meus pais e Luísa estava brincando no chão quando do nada ela para a brincadeira e começa a cantar a música: *Segura na mão de Deus, segura na mão de Deus...* Minha mãe começa a cantar junto: *Se as tristezas desta vida quiserem te sufocar, segura na mão de Deus e vai. Segura na mão de Deus, pois ela te sustentará. Não tema, siga adiante, não olhe para trás. Segura na mão de Deus e vai.*

As lágrimas caíram novamente. Será que ela pressentiu algo? Será que Deus falou comigo através da Luísa? Nunca saberei ao certo, mas eu acredito que Ele pode nos mandar "recados" através das pessoas, de uma música, livro, filme, sonho ou até mesmo da natureza. Basta que estejamos atentos a isso.

Os dias foram passando e a tristeza continuava lá no meu peito. Eu queria viver o luto, mas tinha algo me incomodando muito que eu precisava resolver. Meu corpo não dava nenhum sinal. Liguei para o médico e perguntei se ele poderia fazer alguma coisa para acelerar aquele processo doloroso. Eu não aguentava mais esperar e queria virar logo aquela página do livro. O doutor disse que podia me internar no hospital para dar um remédio forte, que provocaria as cólicas e contrações. E assim fizemos. No dia seguinte, ele passou no quarto e perguntou se eu tinha sentido alguma coisa. "Nada", respondi. Ele decidiu então me levar para o centro cirúrgico e fazer a curetagem.

O motivo do aborto nunca saberemos. O médico nos falou que, nos casos de gêmeos univitelinos, é comum acontecer alguma má formação quando as células se dividem e que, quando isso acontece, o próprio organismo entende que aquela condição é incompatível com a vida e se encarrega de eliminá-la. Essa era uma possibilidade, mas eu me senti culpada e fiquei pensando: "Será que a minha reação ao descobrir que eram dois teve influência nisso? Será que meus bebês sentiram alguma rejeição da minha parte? Será que eles não se sentiram amados e por isso foram embora?" Me senti muito culpada e muito mal.

Em vez de virar aquela página, eu preferi arrancá-la. Fiquei muito tempo sem falar deles e do que tinha acontecido. Eu queria esquecer, pois doía muito lembrar. Meu histórico não era nada animador: um parto prematuro e um aborto de gêmeos. O que tinha de errado comigo? Senti vergonha de não ter sido capaz de gerar filhos de uma maneira tranquila.

Foi tudo tão rápido e intenso que, por vezes, a minha sensação era a de que eu tinha dormido e, ao acordar, visto que aquilo não passava de um pesadelo maluco. Por um bom tempo, carreguei calada a culpa dos gêmeos terem morrido. "Quando nasce uma mãe, nasce junto a culpa." Você já ouviu essa frase?

Segundo o dicionário, "culpa" é um sentimento de responsabilidade por uma ação que ocasiona dano ou prejuízo a outra pessoa. Esse sentimento que acompanha as mamães costuma ser potencializado na maternidade atípica:

"Onde foi que eu errei? Será que fui eu que passei a doença para ela? De quem ela herdou esse gene defeituoso? Será que o que eu comi ou deixei de comer pode ter ocasionado essa condição? Será que eu não amei meu filho o suficiente e por isso ele nasceu assim?"

E não para por aí: "Não estou tendo tempo de cumprir as horas de terapia em casa. Preciso estimular mais meu filho, pois o filho da fulana com o mesmo diagnóstico já falou ou já está andando. Não tenho dinheiro para pagar todas as terapias que meu filho precisa..."

É comum ouvirmos mães que acabaram de descobrir o diagnóstico de autismo do filho se perguntando o que fizeram de errado ou o que deveriam ter feito diferente. Aquelas que largam tudo para cuidar dos filhos se sentem culpadas por não contribuírem financeiramente e aquelas que precisam sair para trabalhar se sentem culpadas por deixarem os filhos aos cuidados de terceiros e por perderem os detalhes importantes da evolução da criança. Conhece alguém assim?

Essa autocobrança mina as energias e a autoconfiança das mulheres, prejudicando sua autoestima. Meu marido nunca expressou nenhum sentimento de culpa. As crenças limitantes que são passadas de geração em geração e o patriarcado são fatores que pesam e favorecem para que a culpa recaia toda sobre as mães.

Eu também me senti culpada por não poder estar com a Luísa na UTI quando ela precisava de mim. Não dei colo e não amamentei como gostaria. Durante um tempo eu repetia, contando para as pessoas, que a "minha apendicite" tinha passado a infecção para ela e provocado o parto prematuro e a paralisia cerebral. Conscientemente eu sabia que não tinha controle sobre o que tinha acontecido com a gente. Mas, inconscientemente, a culpa estava lá. Precisei fazer terapia para compreender, me perdoar e ressignificar aquela dor.

Foi na terapia também que aprendi que, diante desse sentimento que não leva a nada, é preciso parar, respirar fundo e se perguntar: "De onde essa culpa está vindo? O que ela está querendo me dizer? Quais são as crenças que eu tenho em relação a essa situação que estou vivenciando? O que está sob meu controle e o que não está?"

Além de uma rede de apoio que ajude com a parte do cuidado físico, essas mães vão precisar também de pessoas dispostas a escutar e acolher suas dores, sem julgar. Contar com a ajuda de uma psicóloga ou participar de um grupo com outras mães que passaram pela mesma situação pode ajudar a tornar o caminho mais leve.

Eu só queria ser mãe novamente, só queria sair do hospital com meu filho nos braços, só queria amamentá-lo. Não foi dessa vez, mas eu não vou desistir!

Tentei, tentamos, por 1 ano e meio e nada. A menstruação atrasava alguns dias e eu ficava feliz. Ela descia e eu me entristecia. Comecei a ficar muito ansiosa e por alguns momentos pensei que não conseguiria mais ter filhos.

Estava demorando além do tempo considerado normal, e o médico decidiu então investigar. Me pediu alguns exames de sangue e uma histerossalpingografia. Esse exame de nome difícil é um método diagnóstico importante na pesquisa da infertilidade conjugal e permite avaliar o trajeto percorrido pelo espermatozoide até a trompa de Falópio, local onde ocorre a fertilização do óvulo.

Detectamos, por meio do exame, que minha trompa direita estava obstruída — pela aderência, provavelmente uma sequela da apendicite. Mas a gente ainda tinha 50% de chance. Somente no mês em que eu estivesse ovulando pela trompa esquerda a gestação poderia acontecer.

No carro, com o resultado do exame na mão, Bruno quis desistir.

— Mônica, o que você acha de a gente parar por aqui? Já temos a Luísa.

Eu respondi que não ia desistir, que eu queria realizar meu sonho de ser mãe novamente de uma maneira tranquila.

Segundo o ginecologista, o próximo passo seria fazer uma videolaparoscopia. Mas antes resolvi marcar uma consulta numa clínica de fertilização in vitro; a gente queria escutar a opinião de um especialista. Enquanto esperava chegar o dia marcado, eu relaxei nas tentativas e, para nossa surpresa, engravidamos naturalmente. Beta HCG positivo na mão, nem precisamos mais da consulta na tal clínica. Agora o que eu precisava era cuidar do meu emocional. É que, após a perda dos gêmeos, veio um medo muito grande de perder de novo e não dar conta. Essa era uma dor que eu não queria sentir, mas que estava ali, me chamando para olhar para ela.

Eu estava megafeliz! Já tinha feito a primeira ultrassonografia e visto que era um bebê só. Agora precisava acalmar meu coração, controlar a ansiedade e o medo, respirar fundo e acreditar que tudo ia dar certo dessa vez.

Foi na gravidez do Thor que eu entendi que a maternidade estava me convidando para um mergulho profundo na minha existência. Comecei a fazer terapia, pois queria entender o que estava acontecendo comigo. Minha mãe é parapsicóloga e eu sabia que, mesmo desejando muito ser mãe, tinha algo atrapalhado no meu subconsciente, alguma crença errada que estava causando aquela bagunça toda — parto prematuro, infecção, UTI, aborto, trompa direita obstruída, dificuldade em engravidar.

Estudos mostram que apenas 5% do que nos acontece vêm de decisões conscientes; 95% vêm da programação que temos gravada em nosso subconsciente (que é o modo repetitivo e automático da nossa mente). A gente traz programações impressas em nossa memória desde a nossa concepção. Nós definitivamente não nascemos como uma folha em branco. Carregamos memórias culturais familiares e universais que pertencem à história da humanidade, à história da família e à história sociocultural, afetiva e espiritual do nosso entorno.

Eu precisei olhar para minha ancestralidade para entender de onde estava vindo a programação errada com relação a ser mãe. Descobri que minha bisavó Jovelina morreu com infecção após um aborto, deixando por conta do meu bisavô oito filhos pequenos para criar e educar.

Vovó Nininha, filha dela, que ficou órfã de mãe aos oito anos, cresceu, se casou com vovô Jaime, teve meu tio e, num segundo parto gemelar, sofreu uma hemorragia intensa que quase lhe tirou a vida. Como ela morava em Alegre — uma cidadezinha no interior do ES —, o médico teve que optar entre salvar a vida dela ou a dos bebês (lá não tinha hospital com UTI pediátrica). Salvaram a mãe e os gêmeos acabaram não resistindo e morreram.

Eu e minha filha quase morremos num parto prematuro, com infecção. Você percebe que as nossas histórias estavam conectadas de alguma maneira? Eu tinha uma crença no nível subconsciente — que vinha da minha bisavó — de que "filho pode matar a mãe". Para me libertar, precisei compreender que as histórias das mulheres da minha família eram delas e não minha. Com ajuda de um terapeuta, reprogramei a minha mente/subconsciente. Ele me ajudou a entender e a acreditar que toda mulher nasce com a capacidade de gerar filhos saudáveis. Essa é a ordem natural. Ser mãe é algo divino e maravilhoso e o que tinha acontecido comigo havia sido uma fatalidade. Ele me ensinou alguns relaxamentos e meditações que eu fazia sempre antes de dormir enquanto gestava o Thor, e isso me acalmava. Caminhar rezando o terço ou ler a Bíblia também me ajudavam e me traziam força e paz.

Meu processo de cura e libertação envolveu autoconhecimento, terapia com hipnose e muita oração. Precisei olhar para minha origem e ressignificar algumas partes do meu passado, para só então conseguir desfrutar do presente, vislumbrando o futuro que queria construir.

Se eu pudesse dar um conselho para os pais, diria para buscarem se conhecer profundamente. Entender quem você é e de onde você veio é fundamental para que consiga chegar onde quer chegar. Isso também faz com que sua jornada seja mais leve e pode ser bastante positivo para as próximas gerações.

Algumas pessoas, ao tomar conhecimento do que passei, me julgam corajosa diante da decisão de ter outro filho. Para essas pessoas, eu digo que a coragem e o medo sempre me habitaram e que, diante das possibilidades, eu escolhi deixar passar a dor para viver o que a vida podia me oferecer. Sem nenhuma certeza, decidi seguir adiante. O que eu não sabia era que muita coisa ainda precisava acontecer no meu processo de transformação, para que a menina se tornasse mulher.

Avante!

Capítulo 7

Mãe de dois, três, cinco!

Ser pai ou mãe é talvez a tarefa mais dura, mais difícil,
e ao mesmo tempo a mais compensadora de todas.

Magda Gomes Dias

No ano de 2010, realizei o sonho de ser mãe novamente. Eu estava feliz e grata por essa oportunidade de gerar outra vida, uma vida que foi muito desejada!

Mas dentro de mim ainda havia um medo a ser vencido. Era algo que vinha de repente, uma vozinha que teimava em aparecer e me tirar do equilíbrio: "E se eu tiver outro aborto, e se o bebe nascer prematuro, e se tiver que ficar na UTI, e se algo der errado?" Foram nove meses lutando contra esses pensamentos, e as minhas armas foram: oração, terapia, o relaxamento guiado — que eu escutava todos os dias antes de dormir — e o exercício físico, que fazia eu me sentir viva e saudável.

Thor foi o nome escolhido para o nosso filho, que veio para ensinar que coragem não é ausência de medo, e sim a fé na capacidade de avançar, apesar do medo. Ele veio para provar que eu podia vencer as sombras do meu passado e escrever uma nova história.

Mas, junto da notícia feliz, também veio outra triste: minha sogra estava com câncer no intestino e teria que fazer uma cirurgia para a retirada do tumor e então quimioterapia. Ela teria que ficar na nossa casa e iria precisar de mim para acompanhá-la nas consultas e internações.

Era a vida real acontecendo. Isso não estava no nosso planejamento e confesso que, nessa hora, eu fui egoísta e questionei a Deus: "Por que preciso passar por essa provação agora, Senhor? Justo no momento em que eu precisava ficar tranquila para gestar o nosso filho tão sonhado?!"

Eu sabia que não seria nada fácil o tratamento do câncer, pois já a tinha acompanhado anos atrás, quando teve um tumor na mama e precisou ficar na nossa casa.

Naquele momento, eu não entendi os planos de Deus, mas depois ficou claro que foi o neto que deu forças para ela vencer o câncer. No dia da sua última químio, ela saiu do hospital e foi direto para a maternidade conhecer o Thor, que acabara de nascer. Temos uma foto aqui em casa que registra esse momento.

O fato de eu ter de lidar com aquela situação desafiadora do câncer na família acabou fazendo com que eu me "distraísse" e não pensasse tanto nos medos relacionados à gestação e ao parto. E foi assim que os nove meses passaram mais rápido.

Conseguimos! A gravidez correu tranquila até que finalmente chegou o grande dia: 18 de janeiro de 2010 foi a data escolhida pelo médico para nosso filho nascer. O doutor não me permitiu entrar em trabalho de parto e marcou a cesariana com 38 semanas. Segundo ele, seria muito arriscado tentar um parto normal com a barriga cheia de aderências das experiências anteriores. Eu confiei nele e aceitei. Apesar da minha vontade de sentir a bolsa romper e viver a emoção de um parto natural, o mais importante naquele momento não era o meio e sim o fim: ter o meu filho nos braços e levá-lo para casa.

A cesárea foi rápida, tranquila e logo estávamos no quarto com o nosso bebê. Pude amamentar o Thor e ficar com ele no colo. Que sensação maravilhosa e indescritível!

Luísa agora era a irmã mais velha. Ela estava curtindo muito aquilo e todos os dias chegava da escola e ia tomar banho para dar colo para o irmãozinho. Ela me ajudava a pegar a fralda, acompanhava os banhos, brincava com ele no berço, ia junto tomar sol. Era como se o Thor fosse um boneco para ela, que na época tinha seis anos.

Luísa não verbalizava estar com ciúmes, mas logo vieram umas escapadas de xixi na cama. E eu sabia que retomar comportamentos que já havia abandonado é um sinal de que a criança não está sabendo lidar com as mudanças. A rotina da casa tinha se alterado e ela agora tinha de dividir a atenção dos pais com o novo irmão. Começamos então a dedicar mais atenção a ela. Comprei livros com histórias que ilustram esse momento e mostram alguns aspectos positivos de ser a irmã mais velha.

Uma coisa curiosa é que, nos seis anos de Luísa, Bruno nunca tinha saído sozinho com a filha; eu sempre ia junto. Agora, enquanto eu cuidava do Thor, os passeios entre os dois ficaram frequentes: clube, bicicleta, cinema. Eles chegavam felizes, me contando como tinham se divertido, e era lindo ver pai e filha à vontade, vivendo momentos que antes não estavam acostumados a viver. Outras vezes era o Bruno que ficava com o bebê, para eu sair, tomar um sorvete, brincar ou passear com a Luísa. A diferença é que meu tempo com ela era curto. Eu tinha que sair vigiando o relógio, pois logo chegaria a hora da próxima mamada. A amamentação exclusiva tem disto: ficamos limitadas em função do tempo do bebê.

O segundo filho

A chegada de um novo bebê é sempre motivo de alegria para todos da família. Mas as mudanças que vêm atreladas a isso podem ser sentidas pelos outros filhos como uma ameaça, e por isso oriento as famílias que comecem a preparação desde o momento que descobrem a gravidez.

Ao dar a notícia para os filhos mais velhos, devemos acolher os sentimentos deles e responder de forma adequada à idade todas as questões que possam surgir. Durante os nove meses, é importante envolver os irmãos nos preparativos. Permitir que eles ajudem a escolher o nome, deixar que coloquem a mão na barriga para sentirem o bebe se mexer enquanto conversam e cantam para o irmão. Vale também levá-los em alguma consulta com o médico para ouvir o coraçãozinho bater.

Devemos informar em qual hospital o bebê vai nascer, quanto tempo o pai e a mãe vão se ausentar e quem vai ficar com eles nesse período. Tudo isso vai ajudar a criança a construir a realidade futura e a deixará mais tranquila.

Também é interessante recordar como foi a gestação, o nascimento e os primeiros meses com os filhos mais velhos. Sempre sugiro aos pais que peguem os álbuns antigos e passem uma tarde recordando e contando histórias. Relembrem e valorizem momentos que passaram juntos. Durante esse tempo, os pais podem também aproveitar para explicar como se comportam os bebês, como são as rotinas e rituais dos primeiros meses, falar que no início o irmão não será capaz de brincar com ele, que a mamãe vai ter que ficar menos disponível por causa da amamentação e que isso também aconteceu quando ele nasceu. Podemos mostrar fotos de quem veio visitar e falar dos presentes que as pessoas trouxeram. Toda criança ama ouvir histórias e contar a sua própria. E fazer isso mostrando fotografias é uma ótima maneira de fazer com que elas se sintam seguras e evitar problemas de ciúmes no futuro.

Se é só a mãe que costuma dar banho, comida, colocar para dormir, levar e buscar na escola, é importante que durante a gestação a mãe comece a delegar e treinar alguém para também fazê-lo. Não espere o bebê nascer para fazer isso. Outra coisa interessante é fazer um calendário mostrando para a criança quantos dias faltam para o irmãozinho nascer. Explique também que cada filho é único e especial à sua maneira e que nenhum filho vem para tirar o lugar do outro. Quanto mais seguros os pais estiverem, menos ansiosos os filhos mais velhos ficarão.

Depois que o bebê já estiver em casa, reserve sempre um tempo para o filho mais velho — mesmo que seja apenas 15 minutos por dia — passar momentos exclusivos com o pai ou a mãe. Isso é importante para toda criança.

Reconhecer os sentimentos e as necessidades dos filhos fará com que eles se sintam vistos e compreendidos. Você pode dizer: "Filha, eu sei que você gostaria de ficar brincando mais com a mamãe, mas agora seu irmão precisa mamar" ou "Não tem problema você ficar brava com seu irmãozinho às vezes. As crianças costumam se sentir assim enquanto se acostumam com a chegada de um irmão menor".

Por fim, é importante tentar ao máximo manter uma rotina porque será a constância, a paciência e o tempo que trarão o conforto e a aceitação. Todos precisam se adaptar à nova situação.

O Thor foi um filho mais que desejado. Com ele, realizei o sonho da gravidez e do parto tranquilos. Com ele, experimentei a tão sonhada amamentação exclusiva e em livre demanda.

Eu e o Bruno estávamos tão felizes curtindo aquele momento que nem nos preocupamos com métodos contraceptivos. Thor estava com dois anos, quando minha menstruação atrasou e num susto, sem planejar, descobrimos que seríamos pais novamente.

Com a Laila, a gestação teve um novo sabor, foi bem mais leve. É que, agora, eu já contava com uma experiência positiva e não tinha mais dúvidas de que meu útero era capaz de guardar aquela vida até o final. Curti muito cada etapa dessa gravidez. Graças a Deus não tive nenhum problema de saúde, mas senti o cansaço de ser mãe de três. Diferentemente da outra vez, quando eu podia chegar no fim do dia e descansar vendo televisão com a Luísa, nessa gestação eu tinha o Thor com dois anos que não parava quieto e me exigia bastante fisicamente.

Nossa caçulinha nasceu bem, num outro parto cesáreo, por exigência do médico que me acompanhava, e veio muito mais linda e especial do que imaginávamos. Seus grandes olhos azuis chamam muita atenção. Ela não pegou mamadeira nem chupeta, e vivia no meu colo, agarrada no peito. Com isso, Thor — que passou rapidamente de filho caçula para o filho do meio — começou a apresentar comportamentos desafiadores. Regrediu no desfralde, se jogava no chão fazendo pirraça quando queria alguma coisa, começou a apresentar dificuldades na hora de se alimentar, e eu quase surtei!

Como pais, precisamos estar atentos às necessidades de cada filho e às emoções que podem surgir da relação entre os irmãos. Os irmãos nos ensinam não só sobre amor, mas também sobre muitos outros sentimentos desagradáveis que fazem parte da vida e de quem nós somos. Tudo caminha lado a lado quando nos relacionamos. O ciúme e o desapego. O amor e o ódio. A justiça e a injustiça. O acolhimento e o desprezo. São muitos os sentimentos que surgem e acho que, no fundo, todo irmão algum dia já desejou ter nascido filho único para não ter que dividir os pais, o quarto, o chocolate ou o refrigerante. Ou ainda para poder andar sempre no banco da frente do carro (quem tem irmãos sabe do que estou falando!). Como pais, precisamos compreender que tudo isso — as discordâncias, as comparações, as disputas e as brigas — são oportunidades para aprendermos a conviver e nos tornarmos pessoas melhores.

Existe um outro caminho

Eu estava exausta das noites maldormidas, com três filhos com idades e necessidades diferentes e uma sensação de que não estava dando conta de ser a mãe que gostaria. Foi quando descobri na internet a Isa Minatel — pedagoga e psicopedagoga, mãe do Petrus — e comecei a acompanhá-la nas "manhãs sem limites", quando entendi que era preciso estudar para ser pai e mãe.

Quando a gente decide aos 17, 18 anos qual profissão seguir e entramos para uma faculdade, temos de estudar no mínimo quatro anos. São muitas horas de leitura, estudo e dedicação. Algumas pessoas não param na graduação e continuam fazendo pós-graduação, mestrado e doutorado. Para ser um bom advogado, médico, enfermeiro, administrador de empresas, psicólogo, professor etc., precisamos estudar muito! E por que para ser pai e mãe seria diferente? Essa função de cuidar e educar seres humanos — apesar de não remunerada — é a mais importante de todas as profissões. Mas, ao contrário do que muita gente pensa, não é intuitivo, não nascemos sabendo tudo e sempre é possível melhorar, aprender e evoluir como pais.

Tudo o que a Isa falava sobre acolher as necessidades das crianças; envolvê-las nas tarefas domésticas; organizar a rotina; abaixar até a altura dos filhos para lhes falar olhando nos olhos, com um tom de voz calmo; validar o que o filho está sentindo; usar a comunicação positiva, ferramentas da neolinguística ou disciplina positiva para lidar melhor com as birras... enfim, tudo isso eram informações e dicas que faziam muito sentido e que comecei a praticar em casa e logo ver resultados.

Ao tomar consciência de que havia recursos que eu ainda não conhecia, mergulhei nos estudos. Li muitos livros, fiz cursos e fui aplicando com meus três filhos o que aprendia sobre esse modelo de educação mais respeitoso, que encoraja; que envolve as crianças nas tarefas, rotinas e decisões; que escuta e enxerga as necessidades de cada filho por trás dos maus comportamentos; que preza por filhos sem limites (no bom sentido); que desenvolve suas potencialidades e autonomia; que deseja ter filhos cooperantes em vez de obedientes.

Com o tempo e sendo consistente na maneira de agir, as coisas foram se acalmando e fluindo melhor, e eu já não precisava mais falar dez vezes a mesma coisa, gritar ou colocar de castigo e depois me sentir culpada.

Ao estudar e me aprofundar, percebi que não podia parar por ali. Foi quando nasceu em mim um desejo muito grande de poder ajudar outras famílias através da educação parental. Foram esses estudos e vivências que me trouxeram até este livro, no qual compartilho a minha história e também trago dicas e informações que considero importantes para facilitar o caminho de outros pais.

Sou mãe de cinco!

Até 2018, eu falava para todo mundo que era mãe de três. Quando fiz um curso sobre constelação familiar e entendi a importância de incluir os gêmeos — que só viveram dez semanas dentro de mim — no nosso sistema, passei a falar com muito orgulho que sou mãe de cinco!

Pedi a uma amiga que é artesã para fazer bonequinhos que representassem os sete membros da nossa família, e os deixei enfeitando a estante do meu escritório, como uma forma de materializar suas existências. Comprei também um cordão com dois corações que uso junto ao outro que Bruno me deu quando Laila nasceu e tem três bonequinhos. Fiz todo um movimento de lembrar, falar e incluir os gêmeos na nossa história, até que no ano passado tive um sonho bem real e, ao acordar, escrevi emocionada esta carta:

> *Essa noite eu sonhei com vocês.*
>
> *Eu sempre tive vontade de saber se eram dois meninos ou duas meninas. Mas não deu tempo. Vocês se foram antes.*
>
> *O que deu para saber é que eram gêmeos univitelinos. Dois corações batendo forte, numa mesma placenta.*
>
> *No meu sonho, vocês eram duas lindas meninas e iguaizinhas. Pele branca, olhos castanhos escuros, cabelos castanhos e levemente ondulados.*

Eu estava sentada numa cadeira de balanço e vocês no meu colo, cada uma numa perna, balançando e sorrindo.

Foi o nosso primeiro encontro em sonho, mas foi tão real!

A partir de hoje, toda vez que eu olhar para o céu, vou procurar duas estrelas brilhantes juntinhas e me lembrar de vocês.

Quero também aproveitar esta carta para pedir perdão por não ter dado conta de ser a mãe que vocês mereciam. É que, naquele ano de 2007, eu ainda estava muito machucada e traumatizada com o nascimento difícil da sua irmã, e um medo gigantesco tomava conta de mim.

Vocês passaram por aqui como um cometa rápido e intenso, mas saibam que essa breve passagem foi importante demais e me ensinou muito. Vocês cumpriram o seu papel e agora eu as libero para seguirem os seus caminhos, na luz.

Amo vocês, minhas lindas estrelinhas!

Um beijo grande e cheio de amor,

Mamãe Mônica

Santa Teresa (ES), 24/08/21.

Com a experiência de ser mãe do Thor e da Laila, pude constatar que ter filhos com o desenvolvimento típico é bem diferente. O amor e o cuidado por cada filho — com ou sem deficiência — é o mesmo. Mas o fato de eles se desenvolverem de uma maneira natural, sem precisar de terapias ou intervenções médicas, faz com que a gente fique mais relaxada e tenha mais tempo para curtir a relação.

Meus cinco filhos vieram e mostraram a melhor e a pior versão de mim. Eles fizeram com que eu aprendesse a abrir mão do controle e acreditasse na jornada da vida. Com eles, eu entendi que não há crescimento sem tropeços, que errar faz parte e que é no processo de ensinar que a gente aprende.

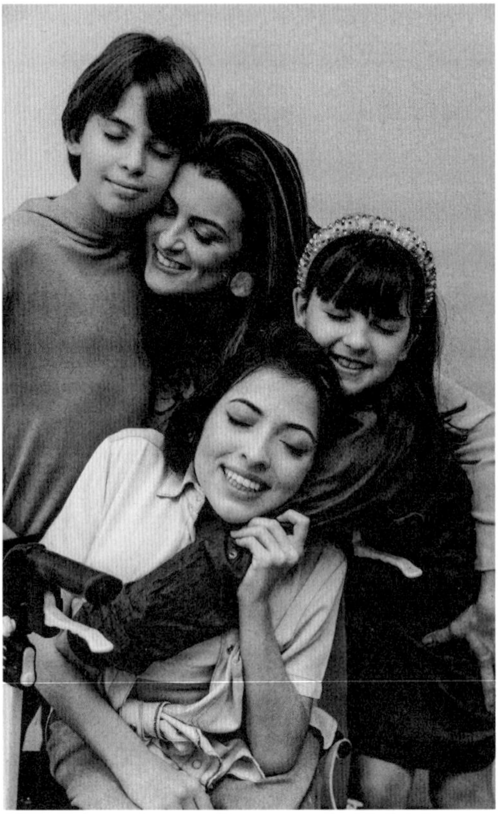

Capítulo 8

O diagnóstico está errado: sua filha é rara!

Por mais triste ou temeroso que possa parecer
à primeira vista, um diagnóstico é sempre libertador.

Mariana Rosa

A vida ia seguindo seu curso. Eu já estava adaptada à rotina dos três filhos, quando recebi um telefonema da Rede Sarah Kubitschek falando que tinham conseguido um horário para Luísa.

Fiquei surpresa com aquela ligação, pois já haviam se passado mais de dois anos que tinha enviado um e-mail para lá inscrevendo minha filha. E, pela demora da resposta, eu já tinha até desistido.

Mas pensei: "Se eles nos chamaram, é porque essa é a hora!" E lá fomos eu, Bruno e Luísa para a consulta no Rio de Janeiro. O meu objetivo em levar a minha menina naquele renomado hospital era saber se tinha algo novo, algum tratamento ou terapia mais moderna, que pudesse melhorar a qualidade de vida da nossa filha.

Chegando lá, a pediatra examinou Luísa e chamou outros médicos, de outras especialidades. Após conversarem entre si, nos disseram que não conseguiram pegar os reflexos motores dela, que nossa filha apresentava características que não batiam com o quadro de paralisia cerebral e que seria preciso fazer novos exames para fechar o diagnóstico correto. Ficamos surpresos e temerosos diante da notícia, mas confiantes na capacidade e competência daquela equipe médica.

Tivemos que voltar ao Rio outras vezes para Luísa fazer os exames. Ela fez uma eletroneuromiografia dos membros superiores e inferiores — um exame horroroso e dolorido que mantém o paciente acordado, sem anestesia, enquanto são introduzidas agulhas com descargas elétricas que provocam pequenos choques. Fez também uma ressonância do cérebro e um teste genético. Para esse último, colheram o sangue dela e enviaram para fora do Brasil. Com a chegada do resultado, que levou aproximadamente um mês, ficamos sabendo que Luísa tinha uma doença genética rara chamada Charcot-Marie-Tooth (CMT) do tipo 1B.

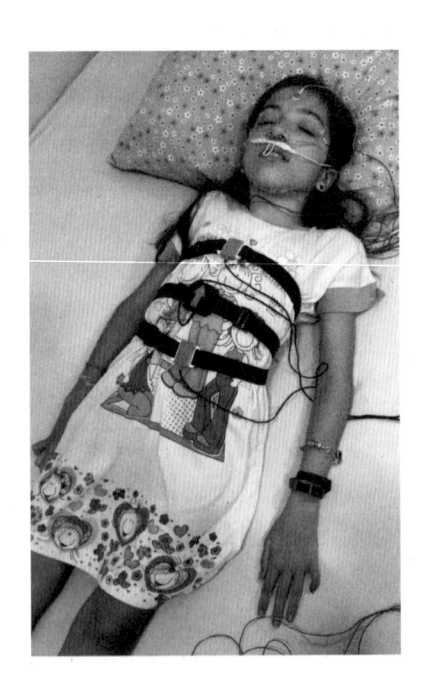

Confirmando o que os médicos suspeitavam e nós temíamos, o diagnóstico da nossa filha estava errado havia 11 anos! Hoje eu sei que essa é uma realidade que muitas famílias que têm filhos com doenças raras enfrentam: a dificuldade em saber o que o filho realmente tem.

A CMT é uma polineuropatia sensitiva/motora, causada por mutações em genes associados a funções importantes para a manutenção do sistema nervoso periférico, afetando os axônios e as células de Schwann, produtoras da bainha de mielina. É caracterizada por fraqueza e alterações sensitivas nos membros inferiores e superiores, podendo iniciar-se na infância, na adolescência e até na vida adulta. A progressão costuma ser lenta. O diagnóstico, como em toda doença rara, nem sempre é fácil. A CMT ocorre em cerca de 1 para cada 2.500 pessoas. É estimado que cerca de 82 mil indivíduos sejam afetados pela CMT no Brasil. Apesar de não existir tratamento específico, algumas medidas devem ser realizadas para dar aos pacientes melhores condições de vida, como fisioterapia e terapia ocupacional.

Essa doença é hereditária e costuma acometer vários membros da mesma família. Mas na nossa — na minha e na do Bruno — não conhecíamos ninguém com esses sintomas. A geneticista nos perguntou se a gente também queria fazer o teste genético. Ela nos deu um tempo para decidir. Bruno e eu voltamos para casa, conversamos, pensamos bastante e optamos por não fazer o tal exame. Já que não íamos ter mais filhos, o que mudaria se descobríssemos que carregávamos o gene da doença?

A médica nos explicou que poderia ser uma mutação genética que começou na Luísa e que ela teria 50% de chance de passá-la adiante para seus herdeiros. Preferimos acreditar nessa hipótese e nunca mais pensei nisso.

Foi muito difícil aceitar esse novo diagnóstico. Saber que minha menina de 11 anos tinha uma doença neurodegenerativa e sem cura me deixou completamente sem chão. Por algumas semanas, eu só sabia chorar e temer o futuro.

Primeiro, eu entrei num estado de negação. Não queria acreditar e perguntei ao geneticista se poderia repetir o exame na esperança de que o resultado viesse diferente. Mas ela me disse que era impossível estar errado e que eu teria de aprender a lidar com o que estava escrito naquele envelope. Apesar de não ter pedido para receber aquela "encomenda" de nome difícil, ela era nossa e cabia a nós aceitá-la.

Depois da fase da negação, eu senti um pouco de raiva: "Por que comigo? Com a nossa filha, de novo? Já não bastava tudo o que havíamos passado?"

Em seguida, veio a tristeza. Eu chorava imaginando como seria o nosso futuro. Eu temia a possibilidade de Luísa sentir dor, parar de andar ou ter dificuldades para deglutir e respirar. Eu não queria ter de enfrentar o preconceito, os olhares e os comentários das pessoas.

Não sei precisar quanto tempo fiquei nesse estado. Foi um processo... Até que um dia nasceu uma nova vontade em mim e passei para uma nova fase. Resolvi não pensar mais no futuro — naquilo que não estava no meu controle — e decidi viver o momento presente. Eu estava viva, a minha filha estava viva e era nisso que eu ia me agarrar. "Um dia de cada vez" é o meu mantra. Eu não podia mudar aquele diagnóstico, isso não estava no meu controle. Mas eu podia garantir que minha filha se sentisse aceita, amada, importante e ouvida. Decidi que faria o que estivesse ao meu alcance e que não sofreria por tudo aquilo que eu não conseguisse fazer. Que alívio senti quando cheguei ao ponto de pensar e viver assim.

A maioria de nós sempre se frustra quando algo não sai como gostaríamos. E é daí que vem o sofrimento. Penso que uma forma eficaz de transformar a dor em amor é sair desse enredo mental que dita como tudo deveria ser e que não se contenta com as coisas como elas realmente são. Quando conseguimos pensar que a gente recebe sempre o melhor para o nosso crescimento, a vida fica mais leve e harmoniosa.

Eu acredito que por mais que a gente deseje muito algo, existe uma força maior — que eu chamo de Deus — que nos conduz. Aqui em casa, eu repito sempre uma frase: "Se não deu certo e não aconteceu, é porque não era para ser assim." Já me falaram que isso é "positividade tóxica", termo que critica o discurso otimista, que nega ou se afasta da realidade e interpreta os fatos negativos como positivos. Sinceramente, eu não me incomodo com isso. Essa é a maneira como eu escolho olhar para as coisas que me acontecem.

Diante de uma situação que foge do nosso controle, podemos cuidar dos nossos pensamentos e escolher os comportamentos que deixam esses fatos mais difíceis e pesados ou mais simples e leves. A escolha é nossa. Experimente agradecer mais e reclamar menos, e você verá sua vida se transformar!

Lá no Sarah Kubitschek, nos orientaram que o centro de referência para CMT no Brasil era a USP de Ribeirão Preto. E fomos para lá, consultar com o dr. Wilson Marques Junior e sua equipe. Ele examinou Luísa, nos orientou sobre o tipo de fisioterapia e alimentação e a inscreveu num cadastro de pessoas com CMT. Segundo ele, aconteciam pesquisas pelo mundo e, caso alguma medicação para estacionar a progressão da doença fosse descoberta, eles entrariam em contato com a gente para ver se Luísa gostaria de participar. Passamos também por uma consulta com um terapeuta ocupacional e um ortopedista especializado em colunas vertebrais de pessoas que têm essa doença.

Aqui eu abro um parêntese para dizer que, antes desse diagnóstico, nós já fazíamos um acompanhamento com uma neurologista e um ortopedista no Rio de Janeiro. Luísa apresentou uma escoliose leve aos quatro anos e as curvas foram se acentuando, formando uma cifoescoliose. Na tentativa de segurar a evolução da curva, nos foi indicado o uso de um colete Milwaukee. Ela fez uso desse colete por uns dois anos e não tenho nenhuma foto que mostre ela usando — e olha que eu sou chamada de "mamãe paparazzo" na família por gostar de registrar todos os momentos dos filhos.

Assim como eu quis arrancar e esquecer a "página" da perda gestacional, essa também era uma parte dolorosa da história que eu não queria lembrar. Para vestir o colete era uma luta: eu tinha de apertar bem aquelas fivelas na barriga, tinha dois ferros na frente e dois atrás que pegavam do quadril e iam até o seu queixo/pescoço. Na bacia, um acrílico duro feria a sua pele quando sentava. Ela não conseguia andar com ele, pois perdia o balanço do tronco — era como se estivesse engessada. E o pior, tinha que usar o dia inteiro, só tirava para tomar banho. Esse período me doeu demais. Por vezes eu colocava o colete nela e corria para o banheiro para chorar escondido. No dia em que um ortopedista no Albert Einstein, em São Paulo, falou que ia suspender o uso porque não adiantava para o caso dela, comemoramos como se tivéssemos vencido uma final de Copa do Mundo! Eu ouvi da minha filha, rindo e rolando pela cama, que aquele era o dia mais feliz da vida dela, pois ia poder dormir de camisola, livre daquela "coisa" que a apertava e machucava. E quanta gente por aí nunca deu valor ou comemorou e agradeceu o fato de poder dormir em sua cama de camisola? Mais um aprendizado que Luísa me trouxe: valorizar e agradecer as "pequenas" coisas da vida.

Voltando para Ribeirão Preto: quando entramos no consultório, tínhamos certeza de que o doutor indicaria cirurgia para a coluna. Mas fomos surpreendidos por sua conduta. Em vez de falar comigo e com Bruno, ele se dirigiu a nossa filha, que estava com 12 anos na época, e perguntou:

— Luísa, por que você veio de tão longe? O que veio fazer aqui?

E ela respondeu:

— Eu vim porque meus pais estão preocupados com a minha coluna.

E ele continuou:

— Sua coluna te incomoda? Você quer que eu a opere para ficar retinha?

—Não. Não quero!

Nossa filha já havia passado recentemente por duas cirurgias grandes para corrigir o posicionamento dos quadris que estavam subluxados — a cabeça do fêmur estava escorregando para fora da articulação. Nessa ocasião ela teve de ficar na UTI tomando morfina para dor, ficou meses sem levantar da cama, teve que tomar banho no leito, usar fraldas, ficar sem ir à escola. Luísa definitivamente não queria passar por tudo aquilo de novo — nem eu!

Aquele ortopedista foi muito humano, considerou e escutou a Luísa. Disse que ele tinha técnica para corrigir as curvas da coluna e tornar aquela imagem bonita na radiografia. Porém, disse também que a cirurgia seria muito arriscada. Além da chance de ela não resistir e vir a óbito, tinha o risco de infecção, da complicação da anestesia ou ainda de ela ficar paraplégica e perder os movimentos da cintura para baixo. E acrescentou: "Olha, vou ser sincero com vocês, se fosse a minha filha, com essa coluna de agora, eu não operaria."

Ele não pensou no dinheiro que ganharia de nós. Ele se colocou no lugar de pai. Isso não é comum de se ver hoje em dia, e acredito que aquele médico foi mais um "anjo" que Deus colocou em nossas vidas para mostrar o caminho a seguir. Saímos de lá aliviados e decididos a não fazer a cirurgia.

A cicatrização óssea da Luísa nas duas cirurgias do quadril foi boa. Porém, o fato de ela precisar ficar em repouso, sem sentar e andar por alguns meses, fez com que ela perdesse força muscular, o que prejudicou seu equilíbrio. Depois disso, mesmo fazendo fisioterapia, ela passou a andar com mais dificuldade e precisou do andador. Este é um ponto que deve ser considerado em pacientes com CMT antes de fazer cirurgias: a recuperação do tônus muscular fica prejudicada e a recomendação médica para esses pacientes é evitar atividades que levam à fadiga muscular, mas também evitar que fiquem parados. Os dois extremos são prejudiciais e provocam a progressão da doença.

Durante um tempo, a coluna da Luísa me incomodou muito — esteticamente falando. Todas as vezes que ia dar banho nela ou a via de biquíni, eu desejava que acontecesse um "milagre" e ela se endireitasse, sem cirurgia. Algumas vezes eu até tentei esconder com blusa larga ou com o cabelo comprido. Eu não queria que as pessoas ficassem olhando para Luísa e cochichando.

Hoje eu reconheço que fui capacitista com minha própria filha quando desejei que ela tivesse um corpo dentro do padrão considerado "perfeito". Que tolice! Quanto sofrimento isso nos causou! Hoje eu olho para minha filha viva e agradeço. Hoje eu vejo a coluna diferente do "normal" como mais uma das características dela. Hoje eu aceito a maneira como Luísa veio ao mundo e não fico tentando mudar, consertar ou esconder partes dela.

Uma pergunta que aparece vez ou outra na minha cabeça é: "E se nós tivéssemos optado por fazer a cirurgia na coluna, como seria a vida da Luísa hoje?" Ela poderia ter ficado com o tronco mais alongado e crescido alguns centímetros; poderia não ter a dificuldade respiratória que tem. Mas também poderia ter sofrido muito na recuperação ou ter alguma complicação; poderia ter perdido o movimento das pernas ou, ainda, poderia não estar mais aqui entre nós. Na verdade, nunca saberemos. Essa foi uma das decisões difíceis que tivemos de tomar e que nos mostra que viver é ter de fazer escolhas, mesmo que essas escolhas envolvam a vida de um filho.

Na véspera da primeira cirurgia da Luísa, tive que pedir às pessoas para doarem sangue, pois existia a possibilidade de ela precisar de uma transfusão. Na hora da internação no hospital, tive de assinar um termo assumindo o risco de morte. O texto, em termos técnicos, falava que o procedimento cirúrgico era complexo, com uso prolongado de anestesia geral, podendo levar a complicações, inclusive a óbito. Engoli em seco, assinei e corri para o banheiro para chorar. Não queria me mostrar fraca na frente dela. "Mônica, seja corajosa já!"

Na noite anterior, meu marido, que é ortopedista e sabia de todos os riscos que ela corria, estava muito angustiado. Não conseguiu dormir e quis me explicar o motivo de sua insônia. Mas, quando ele começou a falar como seria a cirurgia e o que poderia acontecer, eu pedi por favor para parar. Naquele dia eu preferi não saber dos detalhes. Pedi a ele que me deixasse na "ignorância" ou na ingenuidade, pois saber só iria atrapalhar a minha fé. Eu precisava acreditar que tudo ia dar certo. Despedi-me da Luísa na porta do centro cirúrgico — o pai, por ser médico, entrou com ela — e fiquei sozinha numa sala de espera, rezando muito e pedindo a Deus que conduzisse aquela equipe e que eu tivesse a bênção de ter a minha filha de volta.

Foram umas quatro horas de cirurgia. O tempo corria lentamente. Eu já tinha ido ao banheiro, andado pelos corredores atrás de um café, rezado o terço, conversado com outros acompanhantes, já tinha olhado milhões de vezes o celular para ver se Bruno dava alguma notícia. Foi quando meu telefone tocou. Era a professora de catequese da Luísa dizendo que soube que estávamos naquele hospital (a cirurgia aconteceu em Vitória, cidade que fica a 140km de onde moramos). Ela perguntou como Luísa estava e me disse que tinha ido passar uns dias na casa da filha que ia prestar vestibular. Me perguntou se podia levar uma imagem de Nossa Senhora que estava emprestada com ela para passar aquela noite com a gente. Eu aceitei na hora! Naquele momento, sozinha, o que eu mais queria era um colo de mãe — e a minha tinha ficado em Cachoeiro cuidando dos nossos outros filhos. Passaram uns trinta minutos até que ela chegou à recepção do hospital segurando uma imagem enorme de Nossa Senhora da Rosa Mística. Perguntei de quem era aquela imagem tão linda e, quando ela falou, não acreditei e comecei a chorar! Pasmem: aquela era exatamente a mesma imagem peregrina que tinha ficado comigo no hospital quando Luísa nasceu e estávamos entre a vida e a morte. Dez anos haviam se passado e, no momento de maior vulnerabilidade, ela voltou a nos visitar. Eu não sei vocês, mas eu não acredito em coincidências, eu acredito na providência divina. Naquele momento era como se eu escutasse uma voz me dizendo: "Filha, acalme o seu coração. Eu estou aqui com você. Lembra o que já passaram e venceram? Não tenha medo! Eu estou intercedendo para que meu filho realize mais essa graça em sua vida." Ao olhar para aquela imagem, eu entendi o cuidado e o amor de Deus, e consegui sentir paz no meu coração novamente.

A Lau Patrón — escritora, ativista e mãe do João — escreveu uma carta para as mães atípicas que, quando li, parecia que tinha escrito para mim:

Eu vejo você... é isso que quero dizer hoje.

Grávida, apaixonada por uma ideia de como a sua vida seria, como o seu filho seria, e tempos depois recebendo a notícia de que sua história era outra. Seu medo imenso, às vezes maior que você, suas noites mal ou nada dormidas, e o esforço para levantar no outro dia com disposição de ser farol e iluminar. Vejo você iluminando. Pulando de médico em médico, consultório em consultório, tentando achar caminhos enquanto se sente perdida. Ver seu sonho da maternidade invadido por termos e nomes difíceis. Passar a estudar coisas que nunca tinha imaginado: CIDs, medicações, neurologia, direitos humanos, leis. Vejo você tantas vezes desesperada e, horas depois, minutos às vezes, botando o melhor sorriso para continuar. Tão firme e ao mesmo tempo cheia de dúvidas: trabalhar ou não? Como trabalhar? Sustentar a estrutura? Onde buscar recursos? Será que é disso que meu filho precisa? E se eu errar? Quem sou eu?

Vejo a sua solidão. A sensação que ninguém vai entender. Olhando ao redor e vendo nenhuma ou uma pequena rede, sobrecarregando a pequena rede, e se sentindo mais uma vez culpada, responsável. O mundo nas costas, o filho nos braços, a força nas pernas, a palavra engatilhada na ponta da língua, se for necessário, mas a garganta sufocada, tantas e tantas vezes. Vejo seu rosto na pracinha, na primeira vez que percebeu o preconceito, na primeira vez que você viu as outras crianças se afastarem, os olhares dos adultos. O que você sentiu? Medo, raiva, dor? Vejo você na sua imensa coragem de enfrentar a rua. E no momento que não calou e brigou por aquela vaga no estacionamento, ou na escola, ou com o motorista do ônibus, que mais uma vez, por pressa, fez pouco caso da sua existência. Vejo você cada vez que se agiganta para dar conta, e depois se apequena embaixo da água do chuveiro. Cheia de angústias na quarentena, sem saber o que fazer, pensando no impacto que essa pausa forçada terá na saúde e no desenvolvimento do seu filho. Fisicamente, emocionalmente, mentalmente esgotada.

Mas também vejo você sorrindo muito, juro, comemorando coisas que ninguém mais entenderia o tamanho que têm. O filho ou a filha pegando na colher 1 centímetro para o lado, uma palavra nova conquistada, o pé que está menos na ponta, o corpo mais organizado, um dia sem crise, um olhar conectado, um encontro, uma fralda a menos, uma colher de comida a mais. Vejo você cantarolando sua música preferida, preparando um café de bom humor — sem saber direito o porquê, mas é só por estar viva mesmo, pegando seu filho no colo para dançar na sala, dando risada da vida e de você mesma, porque o riso tem uma espécie de magia. Eu vejo você mágica e possível.

Vejo você no exato instante em que se sentiu mãe. Vejo você no momento em que, a partir do seu filho, enxergou tantos outros, e acreditou em um mundo diferente desse. Eu te vejo/sou você. Você faz o que pode, e isso é enorme. Porque você é mulher, é humana, é bicho-gente. Você dá tudo que tem por escolha, e se reinventa, e se reabastece, olhe bem: isso é potência das mais bonitas.

Nos momentos em que me senti mais fraca e com medo, Deus me fez mais forte. Ao longo das duas últimas décadas, o psicólogo Richard Tedeschi se dedicou ao estudo do crescimento pós-traumático. Graças a essas pesquisas, hoje podemos afirmar que um intenso sofrimento ou trauma pode levar a grandes mudanças positivas: maior espiritualidade, mais compaixão pelos outros e satisfação com a vida em geral. Depois de sobreviver a um câncer, um atentado como o de 11 de setembro, um acidente ou uma guerra, por exemplo, algumas pessoas relatam uma maior força pessoal e mais autoconfiança, bem como mais apreço por relacionamentos e mais intimidade nas relações.

Mas o que será que distingue as pessoas que conseguem crescer com essas experiências daquelas que não conseguem? Há inúmeros mecanismos envolvidos, mas, segundo Shawn Achor — defensor da psicologia positiva e autor do livro *O jeito Harvard de ser feliz* —, a atitude mental ocupa o centro do palco. Segundo ele, a capacidade das pessoas de encontrar o caminho que as leva a enxergar oportunidades nas adversidades se fundamenta em grande parte em como elas concebem a situação na qual estão. As estratégias que levam com mais frequência ao crescimento incluem a reinterpretação positiva da situação, o otimismo, a aceitação e o fato de encarar o problema de frente em vez de tentar evitá-lo. Os pesquisadores explicam que as pessoas que conseguem se levantar da queda com mais sucesso são aquelas que se definem não pelo que aconteceu com elas, mas pelo que elas podem fazer com aquilo que aconteceu. Essas pessoas conseguem perceber oportunidades na adversidade, se recuperar e seguir em frente.

Todos nós vivenciamos algum tipo de dificuldade em algum momento da vida. Erros, obstáculos, fracassos, decepções, doenças, perdas, sofrimento... cada contratempo vem acompanhado de alguma oportunidade de crescimento. Em seu livro *The Pursuit of Perfect*, Tal Ben-Shahar escreve que só podemos aprender a lidar com fracassos se de fato o vivenciarmos e sobrevivermos a ele. Quanto antes enfrentarmos dificuldades e contratempos, mais estaremos preparados para lidar com os obstáculos inevitáveis ao longo do nosso caminho. Segundo ele: "Podemos obter o melhor de tudo que nos acontece."

No início de 2022, numa primeira consulta com a endocrinologista, falei sobre a doença da Luísa. Quando estava me despedindo, na porta, ela me disse:

"Nossa, você me contou a história da sua filha de uma maneira tão leve e feliz que nem parece!" E eu respondi que existe felicidade fora da "caixa" e o que me fazia encarar aquela situação dessa maneira era o fato de ter encontrado um sentido para ela, que a nossa verdadeira força está naquilo que somos capazes de fazer a partir da dor. Mas esse é um assunto para outro capítulo.

Minha filha não é um gene defeituoso. Ela é muito mais do que isso. Minha filha é rara, tem uma beleza única, uma inteligência e maturidade que vão além da sua idade, e uma força que foi sendo moldada pelos desafios que tivemos de enfrentar no decorrer dos seus 18 anos.

Você já deve ter ouvido a máxima: "O que não nos mata nos fortalece." O diagnóstico para nós não foi o fim, mas sim um novo começo.

Capítulo 9
A adolescência

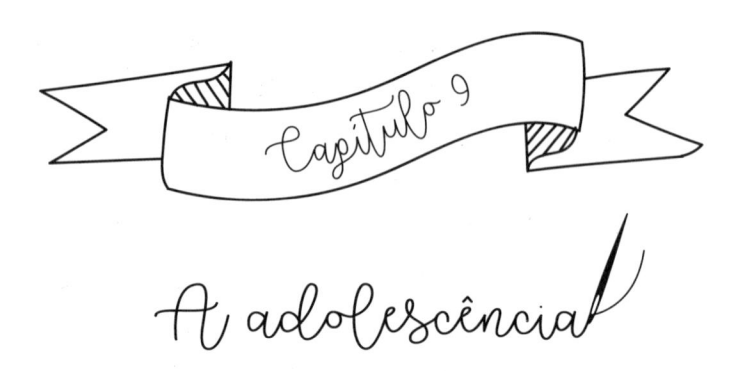

Sempre que a mensagem de pertencimento não estiver chegando, a rota precisará ser revista.

Andrea Ferrara

Durante a infância, Luísa foi bem acolhida no ambiente escolar. As colegas carregavam sua mochila, lhe davam a mão e a ajudavam levantar quando caía. Luísa era sempre convidada para as festinhas de aniversário; as meninas vinham aqui em casa com frequência passar a tarde brincando ou, às vezes, a minha menina ia na casa delas.

Quando chegou na adolescência, o cenário mudou: Luísa não pertencia mais ao grupinho de WhatsApp da sala, passou a ficar de fora das idas ao cinema e pizzarias, e não foi convidada para o amigo oculto de fim de ano. As amigas que antes frequentavam a nossa casa já não queriam mais vir e arrumavam desculpas quando a gente ligava chamando. Luísa começou a ficar muito sozinha, se isolar no quarto e não tinha mais vontade de sair. Já não queria nem mais fazer programas que antes lhe davam prazer como ir ao shopping, praia, clube ou casa dos avós.

Um dia me ligaram da escola falando que Luísa estava chorando muito. Fui correndo até lá e soube que o motivo havia sido o comentário de uma colega que tinha duvidado da competência e questionado a nota boa que ela tinha tirado na prova de português. Essa menina insinuou que tinha sido a auxiliar, que ajudava Luísa a fazer a transcrição, que tinha feito a prova e por isso aquela nota boa.

A doença da Luísa faz com que ela se canse de escrever e tenha problemas com a coordenação motora fina, por isso minha filha tem o direito de ter um auxiliar de transcrição nas provas, que é um tipo de atendimento especial para pessoas com dificuldades de escrever a redação ou de preencher o cartão de resposta e marcar o gabarito.

Luísa sempre foi uma aluna esforçada e responsável. Eu nunca precisei lembrá-la de estudar. Ela e eu sabíamos o tanto que ela tinha estudado para aquela prova e que a nota foi merecida, por isso ficou tão magoada com o comentário da amiga. Naquele dia, o capacitismo falou mais alto e a capacidade da minha filha foi questionada.

O capacitismo é a opressão e o preconceito contra as pessoas que têm algum tipo de deficiência. Ele se nutre da lei da eficiência e entende que corpos diferentes do padrão considerado "normal" são inferiores. Não considera que as pessoas podem ter um ritmo de eficiência diferente. Ele desumaniza as pessoas com deficiência a partir do momento que as rotula como um erro ou um problema, como coitadinhos ou incapazes, ou como anjos, especiais, guerreiros ou heróis da superação.

Eu estava achando aquele comportamento da Luísa — de querer ficar mais quieta no quarto — estranho, mas ao mesmo tempo pensava que pudesse ser algo relacionado à fase da adolescência. Naquela época eu ainda não tinha o conhecimento que tenho hoje sobre as fases de desenvolvimento da criança e do adolescente. Os pais devem estar bem atentos para que possam perceber o que está dentro do esperado para a idade e o que escapa para uma tendência exagerada ou até depressiva.

Um dia, eu estava saindo para buscar Luísa quando meu telefone tocou e era a mãe de uma colega perguntando se eu sabia o que estava acontecendo na escola. Ela soube através da filha que Luísa estava lanchando sozinha e sendo excluída de algumas atividades. Me contou algumas coisas enquanto eu estava estacionada na porta esperando minha filha sair. Quando Luísa entrou no carro, eu ia disfarçar e me despedir para desligar. Mas o inesperado aconteceu: quando virei a chave, a ligação entrou no viva-voz e Luísa escutou o nome dela sendo falado; ela entendeu tudo e começou a chorar. Eu tentei conversar para saber da boca dela o que estava acontecendo, mas Luísa não conseguia falar nada. Quanto mais eu perguntava, mais ela chorava, o que me deixou muito preocupada. Passou a tarde inteira chorando e a única coisa que conseguia falar era que queria mudar de escola e fazer novas amizades. Dei um abraço na minha menina e disse que, quando estivesse mais calma, poderíamos conversar.

Isso aconteceu no mês de julho. Ela estava decidida que queria mudar de escola. Combinamos então que a gente ia começar a procurar outra, mas que ela só mudaria no próximo ano. Enquanto isso, marquei uma reunião com a coordenadora, pois, no fundo, o que eu queria mesmo era encontrar uma solução para que minha filha continuasse naquela escola onde já era conhecida por todos e estudava desde os dois anos de idade. Eu tinha medo que ela caísse de paraquedas sozinha em outra instituição e sofresse ainda mais.

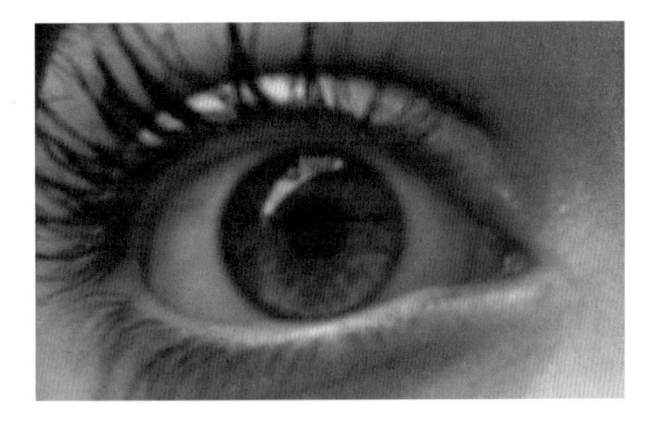

A escola é o primeiro ambiente social do aluno depois da família. É na escola que a criança passa boa parte do seu tempo. Não podemos pensar na escola somente pelo aspecto pedagógico. Precisamos pensar também na socialização. O aluno precisa se sentir parte integrante desse espaço e perceber o outro como pessoa, sabendo respeitar normas e valores e contribuindo para uma convivência harmoniosa e democrática. No caso dos alunos com deficiência, cabe à escola conversar com as famílias e, juntas, encontrarem maneiras de inserir o aluno nesse universo com muito respeito, buscando integrá-lo ao grupo e envolvê-lo nas atividades propostas, observando e respeitando seus limites e potencialidades.

Descobri que não era só a minha filha que estava sendo excluída. A filha do motorista da escola, que era bolsista, também estava. Outra colega que gostava de jogar bola com os meninos também ouvia comentários maldosos e não se sentia parte da escola, assim como outra colega negra. Eu estava vendo aquilo acontecer e não podia ficar calada. Procurei a escola no intuito de alertá-los (se é que não estavam vendo), para que tomassem providências. Sugeri que promovessem ações para conscientizar os alunos da importância de respeitar as diferenças, de serem empáticos e solidários. Pedi que comunicassem os outros pais, fizessem reuniões, palestras; conversei com uma amiga que era coordenadora do curso de graduação de educação física na mesma instituição e fazia um trabalho de inclusão no esporte e ela se ofereceu para ir lá palestrar e fazer algumas dinâmicas com os alunos do Ensino Fundamental (mas não foi porque a escola não a chamou).

Ficamos mais um semestre ali, mas nada do que eu esperava foi feito por parte da escola. Minha filha continuava lanchando sozinha na sala, já que estudava no terceiro andar e a cantina e o pátio ficavam no primeiro, e não havia elevador. Ainda era impedida de participar do tal grupo de WhatsApp — a escola falou que não podia fazer nada com relação a isso, já que os pais sabiam da existência do grupo e aprovavam a ideia de ser um grupo fechado —, tinha sua sexualidade questionada, ouvia piadinhas sobre o seu jeito diferente de ser, não conseguia participar da educação física ou das danças junto com os colegas. É triste falar isso, mas a sensação que eu tive era que minha filha e eu éramos uma matrícula enquanto o grupo que a excluía valia muito mais.

A inclusão está ligada à ideia de que se faz necessário uma modificação na sociedade. No caso das escolas, é preciso que a direção, professores e colaboradores se empenhem em remover as barreiras que impeçam a efetiva participação de todos os alunos. Essas barreiras vão das mais evidentes, como as questões urbanísticas e arquitetônicas, até as mais sutis, como o preconceito velado e a subestimação da capacidade dos educandos. Incluir significa uma postura ativa para a garantia dos direitos. A educação inclusiva tem como principal propósito permitir que todos os alunos, em sua diversidade, possam aprender juntos. É sobre repensar o próprio objetivo da educação, deslocando o foco da transmissão do conhecimento acumulado pelo professor para o potencial de aprendizagem que os alunos apresentam. Quando falo de inclusão, penso em toda diversidade: pessoas com deficiência, diversidade étnica e de gênero, estudantes com altas habilidades ou com dificuldades específicas, inclusive emocionais. A educação inclusiva deve ser um esforço de todos os estudantes, educadores, gestores, familiares e governantes, a fim de promover a equidade e o respeito às diferenças, e garantir que todos os estudantes possam estudar juntos sem sofrer discriminação, independente da sua condição.

> *Assim que assumiu o cargo, a diretora de uma escola ficou a par da política nacional de educação especial na perspectiva da educação inclusiva. Montou um grupo de estudos para entender o que era esperado da escola e percebeu que não seria suficiente matricular as pessoas com deficiência: era preciso repensar o espaço escolar e a forma de participação*

dos alunos. A partir de convênios com entidades governamentais de apoio às pessoas com deficiência, como o Centro de Apoio ao Surdo, o Centro de Apoio Pedagógico para Atendimento às Pessoas com Deficiência Visual e outros, começou a criar estratégias para remover as barreiras a essas pessoas. O grupo elaborou materiais didáticos diferenciados, que pudessem ser utilizados por pessoas com diferentes deficiências: visual, motora e auditiva. Foram criadas oficinas de língua brasileira de sinais para todos os alunos. Os professores estudaram uma flexibilização curricular e, com o apoio da secretaria estadual e municipal de Educação, a escola instalou uma sala de recursos multifuncionais. Para tanto, a diretora cedeu a própria sala e passou a compartilhar a das coordenadoras pedagógicas.

(Trecho retirado do livro A escola para todos e para cada um.)

Enquanto torcíamos para aquele ano difícil acabar, eu rezava muito pedindo a Deus sabedoria e direção. Visitamos outras escolas e decidimos pela troca. Foi a melhor coisa que fizemos! Ela foi bem acolhida na outra instituição e se mostrou feliz logo nos primeiros dias; me disse que lá todos lanchavam juntos, não tinha as "panelinhas" da outra escola e que agora ela estava tendo uma vida social (indo ao cinema, festinhas e casa de amigas). O coração da mãe, que rezou muito para que isso acontecesse, bateu aliviado.

Pelo que me contou, Luísa estava aguentando aquele ambiente tóxico, que a colocava para baixo, havia dois anos. Eu, que sempre fui uma menina "padrão" e sempre pertenci, agora sofria por ver minha filha não pertencer. Ela estava sendo excluída do grupo por ser diferente e com isso sua autoestima ficou abalada. O desenvolvimento físico, mental e social da criança com deficiência depende de sua inclusão na escola e na sociedade.

A autoestima

A autoestima se refere ao valor que atribuímos a nós mesmos, é o conjunto de imagens que as crianças carregam sobre quem são e como se encaixam. O conceito também tem a ver com o senso de pertencimento a um grupo/família e com se sentir competente naquilo que faz. Segundo o modelo da escola da parentalidade positiva, a autoestima abrange seis competências fundamentais. São elas:

1- A autoimagem, que é a imagem que a criança tem de si mesma. Se acha que é feliz ou triste, competente ou incapaz, autônoma ou dependente, bonita ou feia. É como ela se enxerga;

2- Autoconfiança tem a ver com a fé que a criança tem nela própria e na sua capacidade de resolver problemas e conflitos, se superar e realizar as coisas;

3- Autodisciplina, que é a capacidade que a criança tem de fazer as melhores escolhas, priorizando o que é mais importante e lhe trará mais benefícios;

4- Resiliência, a capacidade de conseguir voltar ao equilíbrio após uma situação de estresse ou tensão. As pessoas resilientes são aquelas capazes de se autorregular, se acalmar e voltar à razão após uma situação-limite;

5- Respeito por si e pelos outros. Quem tem uma autoestima equilibrada e está seguro do seu valor, se respeita, é gentil, tem empatia, conhece seus limites e respeita o limite do outro;

6- Capacidade em se comunicar tem a ver com saber dizer a nossa verdade, comunicar o que estamos querendo e sentindo. A criança com boa autoestima foca as soluções dos problemas e consegue comunicar ao outro o que pensa, sem medo ou insegurança.

Para ajudar os filhos a desenvolverem uma autoestima saudável, primeiro os pais têm que trabalhar na sua própria autoestima: quanto mais você gostar e aceitar a si mesmo com todos os erros e defeitos, melhor será o modelo de autoaceitação que transmitirá aos filhos. Depois precisamos ajudá-los a interpretar o que lhes acontece de uma maneira positiva — a forma como comunicamos com eles pode ajudar ou atrapalhar. É fundamental também que os filhos se sintam aceitos do jeito que são e importantes na vida de quem cuida deles. Quando os pais demonstram acreditar que os filhos são capazes e criam oportunidades para eles vivenciarem sua capacidade e contribuírem de alguma forma, eles prosperam.

Se você vem enfrentando problemas relacionados à autoestima dos filhos, sugiro que planeje um tempo especial com cada um deles e lembre-se de valorizar a singularidade de cada um. Evite comparações e trabalhe para descobrir quem seus filhos são, em vez de tentar levá-los a viver de acordo com o que você gostaria que eles fossem. Quando eles errarem, não os culpem, mas foquem juntos em soluções e os encorajem — lembre-se que erros são oportunidades para aprender e crescer. Escute seus filhos e não os rotule. Cada criança é única e diferente. Faça reuniões de família para que os filhos tenham espaço de expor suas opiniões e se sintam seguros e importantes. Converse com seus filhos sobre os sentimentos e conte para eles histórias de quando você era criança ou adolescente e como se sentia naquela época. E não se esqueça de se divertir com seus filhos. Conecte-se, brinquem e criem memórias felizes juntos.

Telma Abrahão, educadora parental, no livro *Pais que evoluem*, nos convida a imaginar que nossos filhos tenham dois baldes: um é o pertencimento; o outro, a significância (poder). Ela diz que, se desejamos que os filhos se comportem melhor e que cresçam se sentindo seguros, amados, capazes e fortes, então devemos encher esses baldes todos os dias. Para encher o balde do pertencimento, devemos dedicar um tempo de qualidade diariamente para cada filho. Para enchermos o outro balde, devemos fazer com que os filhos se sintam úteis e saibam que podem contribuir de alguma forma.

Uma autoestima equilibrada traz felicidade. Para que Luísa se sentisse bem consigo mesma e voltasse a ficar feliz, primeiro foi preciso tirá-la daquele ambiente tóxico. Depois ela contou com o apoio incondicional da família e com tratamento psicológico para resgatar sua autoestima.

O *bullying*

Só depois de estudar que fui perceber que a exclusão que minha filha sofria tinha um nome: o *bullying* é uma palavra de origem inglesa ainda sem tradução na língua portuguesa. É considerado um dos problemas mais assustadores que as crianças ou os adolescentes e seus pais enfrentam. Pode ser físico (bater, chutar, empurrar, abusar sexualmente, assediar, fazer gestos, estragar e roubar pertences), verbal (apelidar, importunar, xingar, ameaçar, ofender) ou emocional/psicológico (com atos de exclusão e isolamento da vítima, humilhação, desprezo e discriminação), e acontece quando alguém com mais poder ou apoio social hostiliza alguém com menos. Isso pode acontecer pessoalmente ou na internet.

O *cyberbullying* se refere a praticar o *bullying* de forma virtual por meio de e-mails, blogs, mensagens, redes sociais, entre outros. Essa modalidade vem preocupando especialistas, pais e educadores em todo mundo, por seu efeito multiplicador do sofrimento das vítimas. Sua prática utiliza-se de modernas ferramentas da comunicação com objetivo de ameaçar, chantagear, difamar, humilhar e constranger as vítimas, levando à depressão, traumas e até suicídio. Como pais, precisamos saber em quais sites nossos filhos estão navegando, quais jogos estão jogando e com quem estão se relacionando nas redes sociais. E é importante também estabelecermos limites e fazermos acordos com as crianças e adolescentes definindo a quantidade de horas que podem usar na internet. Demonstre interesse sobre o universo digital e converse com seus filhos sobre o que eles têm assistido. O diálogo é muito importante nessa fase. Oriente sobre os riscos que existem no ambiente digital, como pessoas estranhas com más intenções. Alerte-os para os cuidados que devem ser tomados com a privacidade e converse sobre os perigos de postar fotos e dados pessoais.

Pesquisas mostram que o *bullying* está associado à baixa autoestima dos adolescentes e à insatisfação com a imagem corporal. Há relatos de adolescentes que associam as diferenças físicas como motivos para a prática da violência psicológica entre pares. Os adolescentes têm dificuldade em aceitar ou reconhecer suas próprias características físicas e em lidar com a diferença do outro.

Enquanto pais e professores, precisamos estar muito atentos, pois nem sempre quem sofre o preconceito ou a violência terá coragem de pedir ajuda. Dificilmente os adolescentes conseguirão sair disso sozinhos, sobretudo se tiverem alguma deficiência que dificulta a comunicação.

É urgente a criação de estratégias preventivas que trabalhem as habilidades pessoais e sociais dos adolescentes para a manutenção de um ambiente escolar saudável. As soluções mais eficazes são aquelas que envolvem família e escola (agressores, vítimas, espectadores e seus responsáveis).

Professores e educadores comprometidos com a filosofia da inclusão são aqueles que estão mais interessados no que o aluno deseja aprender do que nos rótulos sobre eles; que respeitam o potencial de cada aluno e acreditam na sua capacidade de aprender; que buscam informações sobre os recursos necessários para dar mais suporte e mais oportunidade de aprendizagem aos alunos; que utilizam as experiências de vida do aluno como fatores motivadores e aprendem com os alunos; que adaptam a rotina da escola para facilitar a aprendizagem, sempre que necessário; que conversam sobre a importância da inclusão social, principalmente na presença de alunos com algum tipo de deficiência; que chamam os pais e a comunidade para falar sobre a importância da inclusão; que promovem a exibição de filmes e adotam livros em que personagens com deficiência vivenciam contextos positivos; que focam as habilidades e capacidades de aprendizagem do estudante para integrá-lo à turma;

que elaboram com a escola um projeto de ação e prevenção a possíveis atos de *bullying*. É preciso criar soluções em conjunto, encorajar e explicar as consequências dos atos de quem pratica e de quem sofre *bullying*. Quando a família e a escola se unem, temos um casamento perfeito. Pois essas duas importantes instituições têm o mesmo objetivo: educar.

Aprender a lidar com as adversidades faz parte da vida. Se a criança ou o adolescente encontra nos pais um ambiente seguro, de apoio emocional, com afeto e cuidado, os efeitos das experiências negativas serão amenizados e elas tenderão a voltar ao equilíbrio mais rápido, tornando-se mais resilientes. Nas palavras de Lucia Sodré: "Para todas as dificuldades existem soluções... Não existem limites quando as pessoas estão dispostas a descobrir juntas a melhor forma de alcançar o que desejam."

Já estando bem adaptada na outra escola, agora era hora de melhorar meu relacionamento com Luísa, já que, ao entrar na adolescência, ela começou a apresentar alguns comportamentos desafiadores e as disputas de poder se tornaram frequentes. É preciso destacar que os filhos não se comportam mal para atacar os pais. O que acontece é que eles ainda não descobriram uma maneira positiva de ter suas necessidades de pertencimento e importância atendidas. Quando apresentam comportamentos desafiadores, no fundo podem estar tentando nos dizer algo como: "Me dê mais atenção, me deixe ajudar, me dê escolhas, eu estou magoado, valide meus sentimentos, não desista de mim."

Para a Organização Mundial de Saúde (OMS), a adolescência ocorre entre os 10 e os 19 anos. No Brasil, o Estatuto da Criança e do Adolescente (ECA) considera que é dos 12 aos 18 anos. É nessa fase que ocorrem mudanças hormonais e comportamentais importantes. Há uma busca pela identidade, um distanciamento dos pais e uma tendência a se unir ao grupo, e oscilações de humor. A sexualidade fica aflorada, eles têm atitudes reivindicatórias e manifestações contraditórias, não se reconhecem no próprio corpo, que passa por mudanças repentinas. Alguns pais relatam ter saudade dos filhos pequenos, já que a alegria e o entusiasmo da infância parecem ser substituídos pelo tédio, mau humor e insatisfação na adolescência.

De acordo com o médico psiquiatra e pediatra Daniel J. Siegel, os adolescentes são impulsivos, com emoções que aparecem de forma rápida e intensa porque não possuem a região pré-frontal do cérebro totalmente desenvolvida — essa parte é a responsável pela racionalidade, pelo planejamento e pela tomada de decisão. Daí a importância de nós, adultos, estarmos por perto orientando, apoiando, freando, liderando, compreendendo e amando.

Para uma mãe como eu, que sempre gostou de estar no controle, ver a filha crescendo e reivindicando seu próprio espaço, liberdade e autonomia não foi nada fácil. Passamos por um período de adaptação e precisei aprender novas ferramentas para nos apoiar nesse novo ciclo até reencontrar o equilíbrio.

A forma de comunicação com o adolescente é fundamental para a aproximação. Eu trouxe aqui algumas dicas que me ajudaram e também podem ajudar você:

1- Em vez de fazer as regras unilateralmente sem ouvir o filho — o que causa revolta e sensação de não pertencimento —, procure envolvê-lo na tomada de decisões;

2- Deixe seu filho adolescente assumir a liderança sempre que possível, oferecendo escolhas limitadas. Por exemplo: "Filha, você quer fazer fisioterapia hoje na parte da manhã ou da tarde? Você decide."

3- Em vez de puni-los, colocá-los de castigo e entrar numa disputa de poder, você pode olhar em seus olhos e dizer: "Eu não estou feliz com o que você está fazendo, mas amo você e gostaria da sua ajuda para que possamos parar de brigar e resolver isso juntos."

4- Em vez de dizer ao seu filho o que fazer, pergunte o que precisa ser feito. Exemplo: "Qual foi o nosso acordo mesmo sobre o uso do celular?"

Fazer perguntas predispõe o adolescente a pensar, tornando-os mais cooperativos em vez de desafiantes;

5- Seja honesto emocionalmente. Use a comunicação não violenta (CNV) e diga: "Eu estou *vendo* que seu quarto está bem bagunçado. Eu me *sinto* muito mal quando entro aqui porque sou virginiana e *preciso* que a casa tenha um mínimo de organização. *Gostaria* que você mantivesse ao menos sua mesa e cama arrumadas. Posso contar com sua ajuda?"

6- Fale menos e aja mais. Adolescentes odeiam sermão. Diga o que quer dizer com firmeza e gentileza e em seguida cumpra o que disse;

7- Peça a ajuda e a opinião do seu filho e ouça o que ele tem a dizer;

8- Faça reuniões de família e envolva-os na resolução de problemas e nas tomadas de decisão;

9- Certifique-se de que seus filhos saibam que você os ama de forma incondicional. Nem sempre os adolescentes percebem o quanto eles são queridos. Você pode deixar bilhetes com mensagens de amor em cima da cama, fazer sua comida favorita, levá-lo para tomar um açaí ou sorvete, pensar em gestos que demonstrem o seu amor;

10- Escolha as batalhas em que quer entrar e não desperdice sua energia com as coisas que não são tão importantes;

11- Entre no mundo do seu adolescente. Deixe que ele escolha a música que vão ouvir no carro ou o filme a que quer assistir com você. Saiba do que ele gosta e o que o faz sorrir;

12- Seja um líder para seu filho e tire o que ele tem de melhor.

Essas estratégias podem funcionar bem em um dia e em outro nem tanto. Para algumas famílias, elas podem soar até um pouco artificiais. Mas lembre-se de que toda mudança exige tempo, energia e persistência. Quando você mudar o seu comportamento, seus filhos adolescentes também mudarão o deles.

Gosto muito de uma frase da Magda Gomes Dias, que diz que, quando a situação aperta, "não temos permissão para desistir!" É isso. Quando estiver difícil, respire fundo e pense: essa fase vai passar! Sabendo que depois virá a próxima."

Capítulo 10

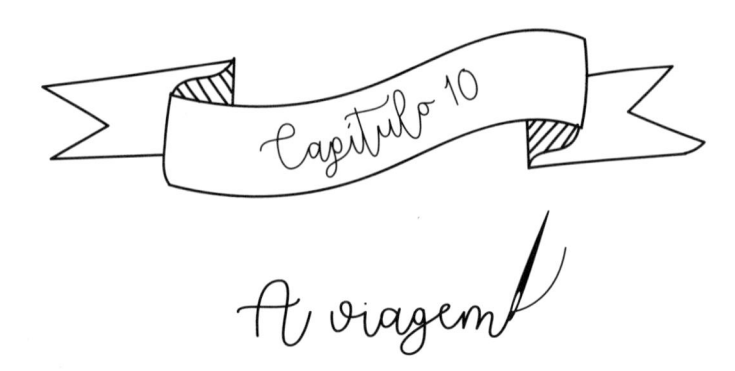

A viagem

Não se apegue à pequena comunidade diante do seu nariz. Sempre haverá mais "você e eu", mais "todo mundo."

Ichiro Kishimi

O ano de 2018 foi o das festas de 15 anos. A cada convite que chegava, Luísa se animava e lá ia eu para a rua com a missão de comprar o presente e uma roupa que ficasse boa na minha menina — que tinha maturidade de gente grande, mas tamanho de criança.

Moramos numa cidade no interior do Espírito Santo, Cachoeiro de Itapemirim. Aqui não temos nenhum grande shopping, a maioria das lojas são na rua e a acessibilidade é precária. As calçadas são péssimas, estreitas e cheias de obstáculos como postes, árvores e buracos. Algumas são de pedras portuguesas que, quando mal colocadas, fazem com que as rodinhas do andador ou cadeira de rodas agarrem, levando a pessoa para o chão. Muitas faixas de pedestres não tem a rampa que conecta a calçada com a rua; as poucas vagas reservadas para carros de pessoas com deficiência estão sempre ocupadas por quem não precisa delas; e a maioria das lojas tem degraus, corredores e provadores de roupas apertados. São tantas barreiras que eu sempre tinha de sair sozinha para achar uma roupa e um sapato para Luísa.

Graças à tecnologia que nos permite tirar fotos e mandar na hora por mensagem, Luísa escolhia o que gostava e eu levava para casa no condicional para ela experimentar. Aqui preciso abrir um parêntese para explicar que essa é uma prática comum em cidades pequenas como a nossa: as lojas liberam roupas e sapatos para experimentar em casa — se ficar bom, a gente paga; se não ficar, devolvemos a mercadoria. Mas, para nós, a peregrinação nunca terminava aqui. Depois de comprar a roupa, era hora de partir para a fase da costureira e dos ajustes — uma bainha aqui, um aperto ali, diminui o gancho, solta as costas, corta a manga... que luta! Gastamos tempo e dinheiro nessa etapa.

Apesar de algumas marcas já estarem fazendo tamanhos e modelos visando atender um público mais variado, a moda no geral ainda é pensada para pessoas que têm um corpo "padrão".

Enquanto as colegas iam para as festas produzidas, com sandália de salto alto, Luísa tinha que ir de tênis, leve e confortável, pois só assim conseguia andar — a doença dela prejudica o equilíbrio e faz com que não tenha sensibilidade nos pés. Além disso, usa órteses e tem o pé pequeno, o que dificulta ainda mais a missão de achar um sapato para ela.

Presente e *look* comprados, agora era só esperar o dia da festa para se divertir. Certo? Errado! Na hora de se arrumar para o aniversário, sempre batia uma "bad" e Luísa começava a dar para trás:

— Mãe, não quero ir mais. Estou com dor de cabeça, com sono ou cansada.

Toda a empolgação do dia em que chegava o convite era substituída por um desânimo e por uma vontade de desistir. Acho que, lá no fundo, ela sabia das barreiras que ia ter que enfrentar e nessa hora pensava: "É melhor eu ficar quieta em casa."

E era aí que a mãe encorajadora entrava em ação:

— Ah, não, Lu, sua roupa está maravilhosa e foi tão difícil de achar... Já comprei o presente... Vá se arrumar e o sono vai embora... Eu te ajudo com a maquiagem. Vamos fazer um delineado lindo! Eu te levo, você fica lá um pouquinho e, se estiver ruim, me liga que vou te buscar.

Eu tinha que animar, encorajar; por fim, ela acabava concordando, indo e gostando. E eu ficava em casa preocupada, até dar a hora de ela me ligar para ir buscar. Alguma mãe aí se identifica? Claro que, para mim, era muito mais fácil manter a nossa filha em casa sem sair, protegida dos olhares, comentários e dificuldades com a mobilidade. Mas eu sabia que ela precisava passar por essas situações para aprender a se virar e conviver na sociedade. Além disso, eu tinha consciência de que as mudanças de que precisávamos só iam acontecer com a presença dela lá, provocando essas transformações. É na convivência com as diferenças que elas acontecem.

Esse é um ponto que precisa ser falado e melhorado: a dificuldade de as pessoas com deficiência saírem de casa é muito grande! As barreiras comunicacionais, atitudinais e arquitetônicas são tantas que elas acabam desanimando e deixando de viver uma vida social. Por isso vemos poucas pessoas com deficiência nas ruas, nos bares, nos restaurantes, nas festas, na faculdade. É preciso melhorar o transporte público; a fiscalização nos prédios e estabelecimentos comerciais; combater o preconceito e a discriminação com uma educação de qualidade; fazer campanhas de conscientização e trabalhar o encorajamento nas famílias.

Eu conheço vários adultos com deficiência que não foram encorajados pelos pais e hoje têm baixa autoestima, a crença de que não são capazes e levam uma vida medíocre. Na primeira grande festa que Luísa foi sozinha, o coração apertou: será que ela vai conseguir circular pela festa ou as mesas e cadeiras vão atrapalhar sua passagem? E os degraus para chegar à pista de dança, quem vai ajudá-la nisso? E se ela quiser ir ao banheiro, como vai ser? Algum menino ou menina vai fazer companhia para ela?

Enquanto as outras mães estavam preocupadas com bebidas, drogas, beijos e afins, eu nem pensava nisso. Minha preocupação era com a acessibilidade e a possibilidade de ela se sentir sozinha e isolada na festa.

Eu já tive 15 anos, inclusive comecei a namorar com meu marido nessa idade, e sei que essa é uma fase em que o corpo físico, a aparência, importa muito. Minha filha era totalmente diferente do padrão estabelecido e por isso se sentia inadequada naquele ambiente de "iguais".

Quando Luísa era pequena, eu não percebia a falta de acessibilidade como um grande problema, porque, quando aparecia um obstáculo, eu a pegava no colo e transpunha. Muitas vezes as minhas pernas foram as pernas dela. Eu sempre tive carro e a levava em todos os lugares. As dificuldades começaram mesmo quando ela começou a sair sozinha com as amigas. Tomar um sorvete, ir ao cinema ou ao clube era sempre motivo de estresse e preocupação.

Em outubro, chegou a vez da nossa menina fazer 15 anos e ela não quis festa, preferiu comemorar com uma viagem. Fomos eu, o pai e ela para Nova York, e lá vivemos uma experiência que mudou a nossa vida por completo.

Alugamos uma *scooter* (cadeira motorizada) e ficamos num hotel na Times Square. Já na primeira saída, notamos a diferença das calçadas amplas e planas, sem obstáculos no meio, com rampas de acesso. O que nos surpreendeu também foi a reação das pessoas: ninguém olhava para a minha filha como se ela fosse um ET. Lá ela era mais uma no meio daquela multidão.

Fomos ao Madison Square Garden assistir a um jogo de basquete, à Broadway ver *O rei leão*, Ao show da Christina Aguilera no Radio City Music Hall, fizemos um piquenique no Central Park, visitamos vários museus, passeamos de barco para ver de perto a estátua da Liberdade, fomos ao SoHo, ao Rockefeller Center, ao Empire State Building, entramos em muitas lojas, restaurantes e supermercados. Portas se abriam com o toque de um botão; tinha elevador em todos os estabelecimentos de dois andares ou mais. Tudo era pensado para pessoas com mobilidade reduzida, tudo funcionando, de uma maneira muito tranquila e natural. A sensação era de liberdade e de pertencimento.

No dia do passeio de barco, estávamos na fila esperando nossa vez e eu pensando como ia fazer: "Bem, eu posso estacionar a *scooter* aqui no cantinho, dar as mãos para a Luísa de um lado, o Bruno dá do outro e andamos até a cadeira onde ela vai se sentar." Quando chegou a nossa vez e os marinheiros do barco viram Luísa, imediatamente trouxeram de lá de dentro duas rampas, umas cordas, e as posicionaram do lado de dentro e de fora do barco, de forma que a *scooter* conseguiu subir. Quando vimos, Luísa já estava lá dentro, sem que eu precisasse ficar explicando as necessidades da minha filha e mendigando ajuda, como acontece aqui.

Percebemos que a acessibilidade em Nova York é algo levado a sério. Vimos vários cadeirantes andando pelas ruas (bem diferente do que vemos aqui). Lá as pessoas com dificuldades de locomoção e outras deficiências podem ir e vir livremente por praticamente toda a cidade, aproveitando as atrações.

Nós não andamos de ônibus, mas eu soube que eles têm elevadores para cadeiras de rodas, são rebaixados e não têm aquelas escadas enormes como no Brasil. Andamos de táxi e Uber sem problemas. Não é a frota inteira que é acessível, mas Nova York tem vários carros adaptados, identificados com o símbolo universal na lateral, o que possibilitou a *scooter* entrar no porta-malas por uma rampa, e foi assim que fomos aos lugares mais distantes.

Luísa aproveitou muito e, no último dia, quando eu estava arrumando as malas para vir embora, ela me falou:

— Mãe, eu não quero voltar para o Brasil. Eu quero morar em Nova York, porque aqui eu posso ser quem eu sou!

Nessa hora minha garganta deu um nó. Nós não podíamos morar lá para oferecer aquela qualidade de vida para ela. Mas ali, naquele momento, eu tomei a decisão de que iria voltar e fazer algo para mudar a nossa cidade. Ou, quem sabe, o nosso país. Eu ainda não sabia o que nem como começar, também não sabia quem procurar, mas sabia que tinha de sair daquele lugar de vítima, da reclamação, e partir para a ação.

Entramos no avião e eu não conseguia parar de pensar na frase da Luísa: "Aqui eu posso ser quem eu sou". Fiquei lembrando tudo que tínhamos vivido nos últimos dias, o quão felizes nós fomos, e algumas perguntas martelavam na minha cabeça: por que o nosso país ainda estava tão atrasado? Por que as pessoas com deficiência não eram levadas a sério? Por que os locais não eram pensados para todos? Precisamos mudar isso! Mas como? Quem sou eu para mudar alguma coisa? O que *eu* posso fazer?

Naquela época, eu ainda não conhecia a força das mães que se mobilizam e, por causa dos filhos, se tornam ativistas. Mas eu conhecia a força da fé e comecei a rezar: "Senhor, me ajuda, me mostra o caminho, me mostra pessoas que queiram se unir a nós nessa luta pela acessibilidade e pelos direitos das pessoas com deficiência, me capacita, me ilumina, me conduz." Foram dois meses de oração até que as coisas começaram a acontecer.

Capítulo 11

Mova-se

> Em vez de sentarmos à beira do caminho e vivermos de julgamentos e críticas, nós devemos ousar aparecer e deixar que nos vejam. Isso é a coragem de ser imperfeito.
>
> *Brené Brown*

Voltei da viagem e criei um grupo no WhatsApp com o nome "Juntos somos mais fortes". No início, éramos cinco. Cada pessoa com deficiência que eu encontrava na rua, na padaria ou no clube, eu abordava, me apresentava, falava da vontade de unir forças para lutar pela acessibilidade na cidade, perguntava se queria fazer parte do grupo e, quando se interessavam, eu as adicionava.

Ainda em 2018, eu me juntei a um advogado que sofreu um acidente de carro que o deixou paraplégico para ir à secretaria de urbanismo. Fomos conversar com o secretário sobre os desafios impostos pelas barreiras que a gente encontrava nas ruas todos os dias — eu como mãe e ele como pessoa com deficiência — e também para ouvir se havia algum plano para melhorar a mobilidade urbana na nossa cidade.

Em fevereiro de 2017, li na coluna do Higner Mansur — um advogado e escritor da cidade — que, antes de ele ser eleito vereador, havia recebido um telefonema de um amigo perguntando se nas suas intenções de candidato tinham duas propostas: a do empreendedorismo e a da acessibilidade. Ao ler o texto, senti vontade de mandar um e-mail para o então vereador.

Do meu e-mail, surgiu outra coluna, que foi publicada no jornal do dia 11 de março de 2017:

> *Na Câmara Municipal, esta semana, pedi informações sobre as condições em que são deferidos alvarás de construção de imóveis e de suas calçadas em nosso município, já que todo mundo sabe que isso é um desastre em nossa cidade. Poderia dizer que a manifestação saiu da minha cabeça — saiu, sim, mas saiu principalmente do texto que recebi de uma leitora aqui da página. Disse-me ela:*
>
> *"Acompanho sua coluna e admiro seu trabalho. Fiquei muito feliz com o que li no dia 18 de fevereiro; você se comprometeu em lutar pela melhoria da acessibilidade na cidade. Temos uma filha com doença rara que sofre muito com a falta de acessibilidade. Só quem tem uma deficiência ou tem alguém com mobilidade reduzida em casa sabe como é difícil sair às ruas de Cachoeiro. Em nome de todas as famílias, agradeço pela sua atitude. Precisamos acreditar que nossa cidade/país está caminhando para a melhora da acessibilidade. O dia a dia da pessoa com deficiência já é tão difícil que, ao menos, eles deveriam ter o direito de ir e vir. Minha irmã está morando na Austrália e falou que lá ela vê muito mais pessoas usando cadeiras de rodas nas ruas. E não é porque lá tem mais pessoas com deficiência, mas sim porque essas pessoas encontram condições de sair. Aqui o problema começa com as vagas para carros reservadas que, quando existem, ninguém respeita. Eu cansei de pedir para alguma pessoa desocupar a vaga de cadeirante. A cidade, na maioria dos lugares, não tem calçadas e, quando tem, são cheias de obstáculos."*

Higner finalizou: *É doloroso saber disso, mas é responsabilidade assumida. Preciso de acompanhamento como o dessa mãe.*

Essa mãe a que ele se referia era eu e o advogado que ligou e fez com que o vereador incluísse a acessibilidade no seu plano de atuação era o Douglas que acabei conhecendo e chamando para ir à secretaria de urbanismo comigo. Ao olhar para trás, me impressiono com o agir de Deus, unindo pessoas e propósitos! Lá em 2017, quando li e enviei o e-mail, jamais imaginei que alguns meses depois estaríamos nós três juntos no mesmo projeto.

Em 3 de dezembro — dois meses após a viagem —, comemoramos o Dia Internacional das Pessoas com Deficiência e Luísa repostou no Instagram o texto de um jovem cadeirante de 25 anos:

> *Hoje é o dia escolhido para que toda pessoa com alguma necessidade especial se sinta representada e é também mais uma oportunidade para que o assunto seja debatido e para que alguns paradigmas sejam quebrados. Apesar da semântica e do senso comum, é preciso desmistificar a ideia de que deficiente pressupõe falha, incapacidade e improdutividade. Apenas fazemos coisas que todo mundo faz de uma maneira diferente.*
>
> *Sempre estudei em escola regular e frequentei todo tipo de lugar, fossem eles acessíveis, quase ou nem um pouco. Posso dizer, sem falsa modéstia, que essa bagagem impactou aqueles que me cercam e também moldou os meus pensamentos sobre minha condição física. Portanto, você que tem deficiência e que, por algum motivo, prefere ficar em casa saiba que isso não vai fazer as coisas mudarem, você não está impactando ninguém. O mundo está lá fora. Viva.*

Uma colunista do jornal da cidade viu e chamou os dois para uma conversa. Chegando na padaria, a cadeira motorizada do rapaz não conseguiu entrar porque tinha um degrau na porta que o impedia. Ele precisou ser levantado por outras pessoas, o que causou constrangimento. Vejam só: aquele estabelecimento havia passado por uma reforma recente e não pensou nas pessoas com deficiência. E era exatamente sobre isso que eles iam falar. O objetivo da reunião era entender como Luísa e o outro jovem viviam, para que assim ela pudesse escrever algo sobre a data.

Os dois começaram a contar como era na escola; relataram as dificuldades que já tinham passado quando quiseram frequentar um cursinho de inglês, uma festa, show ou restaurante. O rapaz — que já tinha terminado a faculdade de Direito e estava procurando emprego — contou que havia feito algumas entrevistas e recebido negativas, falando que seu currículo era bom, mas o local não estava preparado para receber cadeirantes. No relato dos dois havia muitas coisas em comum: lanches sozinhos na escola, muitos degraus pelo caminho, olhares preconceituosos, falta de oportunidades, privação do direito de ir e vir, sentimento de não pertencimento.

No fim da conversa, a colunista ficou chocada com o que ouviu e falou:

— Isso não pode ficar assim! A gente precisa fazer alguma coisa, criar um projeto. Mover... mova-se... O que acham desse nome? Eu posso ajudar vocês! Conheço muitas pessoas. Bora?

Eu não acreditei. Era tudo o que eu precisava! Alguém disposto a ajudar. Estava há dois meses rezando e pedindo a Deus para me mostrar como começar. E foi assim que, naquele dia, levei um "empurrão".

Como já era dezembro e estava perto das férias, nós nos falamos pelo telefone e, em fevereiro de 2019, marcamos a primeira reunião do projeto Mova-se. Precisávamos de um local acessível e, pela dificuldade, acabamos indo para a praça de alimentação de um shopping. Passei na casa do Ricardo Ferraz — um cartunista aqui de Cachoeiro que já teve seu trabalho reconhecido e utilizado pela Rede Globo e em cartilhas da ONU — e dei uma carona a ele. Ricardo teve poliomielite quando criança e usa a arte de desenhar para fazer *cartoons* que passam mensagens importantes. Com um tom provocativo e cheio de humor, ele aborda assuntos relacionados às vivências das pessoas com deficiência.

Eu ainda não estava certa do caminho que iríamos seguir. Ouvi atentamente a fala do Ricardo, que já tinha uma vasta experiência nos movimentos de luta pelos direitos das pessoas com deficiência, anotei as sugestões e, quando a reunião estava caminhando para o fim, senti vontade de ir ao banheiro. Quando levantei, passei pela mesa do Anderson Freire — um cantor e compositor gospel cachoeirense, ganhador do Grammy Latino. Ele estava com sua esposa e filho. Cumprimentei, disse que estávamos ali na primeira reunião do projeto, expliquei rapidamente as dificuldades que passava com Luísa, o propósito do projeto e fiz a pergunta: "E se fosse seu filho?" Senti que essa pergunta tocou o coração dele.

Anderson já conhecia a nossa história. Em 2016, ano em que Luísa sofreu *bullying* e estava muito mal, ele nos fez uma visita em casa, cantou a música "Raridade" abraçado com Luísa, profetizou que ela tinha uma missão grandiosa, nos deu força e nos emocionou com a sua fala. Para quem não conhece, o refrão da música diz o seguinte: "Você é o espelho que reflete a imagem do Senhor, não chore se o mundo ainda não notou. Já é o bastante Deus reconhecer o seu valor. Você é precioso, mais raro que o ouro puro de Ofir. Se você desistir, Deus não vai desistir. Ele está aqui pra te levantar, se o mundo te fizer cair."

Voltei e sentei à mesa para concluir a reunião quando, de repente, fomos interrompidos pelo cantor, que estava com o seu celular na mão, dizendo ter feito uma música para a gente. Ele cantou um pedacinho e disse que podíamos contar com a ajuda dele para divulgar e conseguir recursos para o projeto.

Enquanto ele ia cantando, eu entendi que aquele encontro "sem marcar" foi como se Deus me falasse: "Está vendo, Mônica? Confia! Eu estou cuidando de tudo. Esse é o caminho. Continua!"

Capítulo 12

Te amarei de janeiro a janeiro

> *Aqui digo: que se teme por amor, mas que, por amor, também, é que a coragem se faz.*
>
> Guimarães Rosa

As reuniões do projeto foram acontecendo, criamos um estatuto, demos entrada com a documentação e em maio de 2019 a ONG passou a existir legalmente com um CNPJ.

Eu, como presidente, fui aos poucos tomando consciência do tamanho da minha responsabilidade e também dos meus privilégios. No início, fui motivada pelo sofrimento da minha filha, mas meu olhar foi se ampliando à medida que foram chegando novas pessoas com deficiência auditiva, visual e intelectual. Eram outras realidades e necessidades diferentes, perspectivas que eu não conhecia. Um senhor que perdeu a visão aos trinta anos me mostrou que não existe nenhum sinal sonoro na nossa cidade, o que o torna dependente de outra pessoa para ajudá-lo a atravessar a rua quando vai trabalhar. Os buracos e postes na calçada também representam um baita perigo para ele. Convivendo com uma mulher que é surda, aprendi como é difícil querer participar de uma conversa, consulta médica ou reunião, e não entender o que estão falando nem conseguir se fazer entender. Depois que a conheci, nunca mais deixei de colocar legendas nos vídeos e entendi a importância dos intérpretes de libras. Cada um com sua história e condição específica, mas com uma mesma vontade: se sentir aceito, importante, e ter seus direitos respeitados.

Em um ano de ONG fizemos muita coisa! Participamos de feiras; realizamos palestras — trouxemos a ex-ginasta Laís Souza, que ficou tetraplégica em um acidente, para falar para os integrantes do projeto —; criamos nossa logomarca e vendemos camisas para custear as despesas; fomos à Câmara dos Vereadores duas vezes; estivemos na prefeitura e falamos com o prefeito e secretários; visitamos quatro faculdades e nove escolas; conversamos com empresários; participamos do Conselho Municipal da Pessoa com Deficiência; fizemos três caminhadas pelo centro da cidade; recebemos *feedbacks* de pessoas agradecendo por termos aberto seus olhos para uma realidade que não conheciam. Com isso, começamos a ver alguns estabelecimentos fazendo reformas para receber PCDs. Cada mensagem ou foto que eu recebia, com uma mudança mínima que fosse, eu comemorava e agradecia.

Acho importante destacar aqui algumas ações do projeto:

O "Mova-se nas escolas" foi criado a fim de levar o tema da inclusão, diversidade e respeito para crianças e adolescentes, pois acreditamos que por meio da educação contribuímos para a construção de um futuro melhor para todos. As "Chamadas Diagnosticadas" geraram relatórios que foram entregues na prefeitura, Câmara dos Vereadores e Ministério Público. A "Multa Moral" foi criada no intuito de fazer o infrator refletir sobre a atitude de estacionar nas vagas de idosos ou pessoas com deficiência. O "Mova-se para a Vida" e "Mova-se, família" são grupos de apoio para PCDs e seus familiares. O trabalho foi se desdobrando em várias ações e tomando uma dimensão grande. Fomos reconhecidos nacionalmente e, por isso, tenho sido procurada por outras pessoas que querem começar algo em suas cidades e não sabem como. Presto consultoria e dou palestras sobre o tema.

Com o projeto "Mova-se", eu realizei o grande sonho de dançar com minha filha! Em fevereiro de 2019, procurei o professor de balé Jeremias Schaydegger e propus uma parceria: realizar um espetáculo de dança inclusiva. Ele gostou da ideia e logo começamos os ensaios. Foram quatro meses de muito trabalho até que o espetáculo "Gente que dança" estreou no palco do Teatro Municipal Rubem Braga, com bailarinos com e sem deficiência dançando todos juntos. Tinha crianças e adolescentes com Síndrome de Down, adultos com deficiência intelectual, cadeirantes e Luísa com seu andador.

Eu tive o privilégio de participar de todo o processo de ensaio com os dez adultos da APAE com deficiência intelectual. Eles tinham dificuldade em se comunicar, olhar nos olhos e memorizar a coreografia. No primeiro dia, Jeremias fez uma roda e sentamos todos no chão. Ele colocou a música "Felicidade" do Marcelo Jeneci e deixou que eles dançassem livres para ver o que a letra provocava.

Você vai rir, sem perceber.
Felicidade é só questão de ser.

Quando chover, deixa molhar.
Para receber o Sol quando voltar...
Tem vez que as coisas pesam mais do que a gente acha que pode aguentar.
Nesta hora fique firme pois tudo isso logo irá passar.

Ali ele foi percebendo o que cada um conseguia fazer — suas dificuldades e potencialidades. A cada semana, eu presenciava eles se soltando mais e a fisiologia corporal ia mudando. Uma das alunas do grupo tinha muita dificuldade e errava tudo, mas Jeremias jamais desistiu dela. Pelo contrário! Ele achou uma solução: formar duplas. Pegou o melhor aluno — aquele que tinha mais facilidade para memorizar — e colocou para dançar com ela. Agora o problema de ficar perdida estava resolvido, já que o colega a conduzia. Jeremias nunca fez curso, pós-graduação, mestrado ou doutorado em dança inclusiva. Mas a inclusão faz parte dele, está no seu coração, na sua alma. Ele é um professor que enxerga a pessoa antes de qualquer diagnóstico ou laudo médico, Ele consegue passar para os alunos a importância do respeito mútuo, da justiça, da solidariedade, da generosidade, da amizade, e, assim, vai trabalhando as diferenças, os direitos e deveres de cada um. No núcleo cachoeirense de dança, todos podem dançar! Rico, pobre, negro, branco, gordo, magro, novo, velho, LGBTQIA+, com ou sem deficiência, não importa! A prática corporal deixa todo mundo no mesmo lugar e é uma forma de entender o outro sem barreiras.

Ali eu vi transformações acontecendo na prática, por meio do afeto. No fim do espetáculo, ao som da música de Lenine ("Rua de passagem"), que diz que "Todo mundo tem direito à vida, todo mundo tem direito igual", o teatro lotado se levantou e aplaudiu de pé! A alegria e a emoção de todos foram indescritíveis! Os alunos do APAE estavam bem diferentes daqueles que vi lá no primeiro dia de ensaio com os ombros curvados e caídos. Agora eles conversavam com a voz mais alta, olhavam nos olhos e tinham uma postura diferente. No final, alguns me perguntaram quando ia ser a próxima dança. Eles se sentiram vistos e importantes e queriam mais!

O espetáculo "Gente que dança" aconteceu em 2019, porém a dança já fazia parte da nossa vida desde que Luísa era bem pequenininha. Isso porque meu marido tem uma tia muito animada, divertida e querida que é bailarina aposentada e sempre deu de presente para Luísa coisas relacionadas ao balé (livros, sapatilhas, roupas, enfeites para o cabelo). Acho que é por isso que, quando Luísa tinha quatro anos e foi questionada numa tarefa da escola sobre o que queria ser quando crescesse, ela respondeu: "Bailarina!" Na minha cabeça de adulta, isso seria impossível, já que ela andava com dificuldade e não tinha muito equilíbrio. Mas, mesmo assim, fui procurar o professor, que começou dando aulas particulares até que Luísa conseguiu entrar na turma aos seis anos, e foi evoluindo. Sempre com uma dança adaptada. Luísa era a única com deficiência na turma, mas o professor fazia a inclusão acontecer naturalmente. Luísa sempre amou dançar e se apresentou várias vezes no teatro, mas teve de parar por um tempo quando fez as duas cirurgias no quadril.

Eu, que já tinha sido aluna do Jeremias na adolescência, de repente vi nascer em mim uma vontade muito grande de dançar com Luísa. Um sonho que realizei ao som da música "Te amarei de janeiro a janeiro, até o mundo acabar". Durante os meses de ensaio, eu pude pegar Luísa no colo inúmeras vezes. E cada vez que eu a rodava com o rosto colado ao meu, que eu a olhava nos olhos e a abraçava, eu me curava um pouquinho do vazio e da culpa de não ter podido dar colo para ela lá atrás, quando nasceu. É difícil explicar em palavras como a nossa relação foi transformada com essa experiência. A dança me curou de feridas do passado. Dançando estreitamos o vínculo, nos fortalecemos e nos reafirmamos como mãe e filha. Por meio da arte e da dança, eu consegui transformar toda aquela dor em amor.

O vídeo viralizou e saiu em alguns jornais televisionados do Espírito Santo. Recebemos convites para dançar outras vezes em feiras e escolas, e tivemos nossa história contada na revista *Marie Claire* e depois no Fantástico.

Luísa, no dia seguinte ao da apresentação, escreveu um texto lindo no seu Instagram falando que a dança permitiu que ela se conectasse com ela mesma, percebesse o seu corpo e entendesse a potência que ele carrega. Através dos movimentos, ela pode dizer muita coisa sem falar uma palavra sequer. Mas isso só foi possível porque existiram pessoas que a fizeram acreditar que a dança também era para ela; que a arte também podia ser para um corpo fora do padrão considerado "perfeito". A experiência da Luísa com aquele professor a fez enxergar a dança como um lugar de liberdade, autoconhecimento, pertencimento, humanidade, inclusão e acolhimento de todas as existências.

Para quem olha de fora, o projeto é lindo e inspirador. Mas "quem vê close, não vê corre". Por trás da cena tem os bastidores que ninguém conta. Uma vez organizei uma reunião e não apareceu ninguém, éramos só Luísa e eu. Confesso que nesse dia eu quis jogar tudo para o alto e desistir. Recebi críticas de pessoas dentro do próprio grupo que doeram demais em mim, mas que me fizeram pensar e evoluir. Tive de apaziguar brigas e fazer vista grossa para algumas situações. Me frustrei, errei e me senti mal por isso. Tive de estudar, buscar informação e me preparar para falar sobre assuntos que eu não dominava. Me reconheci capacitista e preconceituosa. Me senti usada. Por falta de voluntários para trabalhar, acabei tendo de assumir muitas funções dentro do projeto e a família sentiu minha ausência em casa, começaram a reclamar que agora tudo era "Mova-se". Comecei a ter dores de cabeça, pontos de tensão nas costas e até labirintite! Era meu corpo tentando me mostrar que estava num ritmo frenético demais e que eu iria ter que desacelerar e aprender a dizer não.

Para aqueles que pensam em começar algo novo, mas estão com medo, eu trouxe aqui um trecho do discurso "Cidadania em uma República", proferido por Theodore Roosevelt, em 23 de abril de 1910: "O crédito pertence ao homem que está por inteiro na arena da vida, cujo rosto está manchado de poeira, suor e sangue; que luta bravamente; que erra, que se decepciona, porque não há esforço sem erros e decepções; que se empenha em seus feitos; que se entrega a uma causa digna; que, na melhor das hipóteses, conhece no final o triunfo da grande conquista e que, na pior, se fracassar, ao menos fracassa ousando grandemente."

Por mais que tivessem partes difíceis, cansativas e desanimadoras, as boas eram muito gratificantes e me motivaram a continuar! Fiquei dois anos na presidência do projeto e aprendi que o mundo está precisando muito de gente que sente, que não pensa somente no próprio umbigo, mas sim no coletivo, e que se deixa afetar pela dor do outro.

Trabalhando como voluntária à frente da ONG, entendi que, por ser uma mulher branca, hétero e classe média, eu conseguia acessar muitos lugares. E que esse privilégio não seria necessariamente um problema, desde que eu o utilizasse com responsabilidade. Entendi que eu poderia ser uma ponte e me colocar nesse lugar de abrir portas para que as pessoas com deficiência pudessem passar. Mas o protagonismo tinha de ser deles. Foi assim que, em maio de 2021, eu tive de tomar uma decisão bem difícil: saí da presidência e passei o bastão para duas pessoas com deficiência. Algo maior estava me chamando e eu senti que precisava encerrar esse ciclo para começar outro.

Capítulo 13

O encontro com a minha missão

Conheça todas as teorias, domine todas as técnicas, mas, ao tocar uma alma humana, seja apenas outra alma humana.

Carl Jung

A pandemia foi um período muito difícil para todos. Acompanhar as notícias das mortes; ver os negócios fechando e pessoas desempregadas; ser impedida de encontrar familiares e amigos; não poder viajar nem abraçar; ter que lidar com as crianças presas em casa, com aulas e trabalho on-line; ver Luísa piorando sem a fisioterapia; ter os projetos pausados, lidar com a imprevisibilidade. O fato de a nossa filha fazer parte do grupo de risco para o vírus nos fez levar o isolamento social bem a sério. O medo, a ansiedade e o pânico fizeram morada. Durante dois anos, saímos de casa só quando era muito necessário. Essa foi a parte ruim. Mas tudo tem um lado bom: eu estava com a minha família numa casa confortável, com bem menos compromissos na agenda a cumprir e, com isso, sobrou tempo para ler, estudar, olhar para mim e pensar nos projetos que eu ainda queria realizar.

Foi nesse período que eu entendi que poderia usar meu conhecimento e experiência para ajudar famílias de uma maneira mais ampla. A internet me possibilitou levar o meu trabalho de educadora parental para lugares antes inimagináveis. Havia famílias com dificuldades que estavam perdidas, sem saber como lidar com as mudanças repentinas, com as frustrações, o medo, a ansiedade e o cansaço, precisando organizar a nova rotina, aprender a gerir os sentimentos, controlar os impulsos e educar os filhos de forma mais assertiva e equilibrada.

Se estava difícil para os pais com filhos de desenvolvimento típico administrar os impactos impostos pelo novo cenário, imagina para as famílias de pessoas com deficiência? Aulas on-line com professores despreparados para fazer as adaptações; falta de terapias que precisaram ser interrompidas ou modificadas; mudanças abruptas na rotina (o que causa um desconforto muito grande nas pessoas com autismo); dificuldade financeira; ausência da rede de apoio; riscos maiores ao contrair a doença; muitas incertezas. Os desafios eram enormes!

Eu já havia escutado um "chamado" para trabalhar com as famílias atípicas lá atrás, na primeira certificação que fiz em parentalidade e educação positivas. Mas foi participando do I Congresso de Educação Parental que essa vontade ficou forte em mim. Ao escutar as palestras, eu ia fazendo um paralelo na minha cabeça de como os pais de crianças com deficiência poderiam se beneficiar daquilo. Quando apresentei um estudo de caso e respondi às dúvidas das pessoas, entendi que eu poderia ser uma ponte de conhecimento e afeto para que essas famílias também pudessem chegar e participar da conversa sobre parentalidade positiva — uma filosofia de vida que educa baseando-se no respeito mútuo e no amor e que pode ser aplicada em qualquer altura da vida, com crianças, adolescentes e adultos.

Foi nesse período também que ganhei de presente da minha irmã um mapa astral. Essa ferramenta de autoconhecimento só veio confirmar que eu estava no caminho certo. O trabalho que eu vinha fazendo estava alinhado com a minha missão de vida: usar minha experiência, tudo o que vivi e absorvi de lição nesses 19 anos sendo mãe para compartilhar com os outros e, assim, facilitar, ajudar e encorajar outras famílias para seguirem seus próprios caminhos. E você, já encontrou sua missão de vida? Algo que traz sentido à sua existência, que te move e faz sentir viva?

Viktor Frankl — psiquiatra, neurologista, professor e escritor —, em um dos seus livros, pressupõe a capacidade humana de transformar criativamente os aspectos negativos da vida em algo positivo ou construtivo. Segundo ele, o ser humano tem o potencial de transformar o sofrimento numa conquista e numa realização; de extrair da culpa a oportunidade de mudar a si mesmo para melhor; de fazer da transitoriedade da vida um incentivo para realizar ações responsáveis. O psiquiatra costumava convencer os seus pacientes com depressão a trabalhar voluntariamente em organizações e observava que, quando preenchiam seu tempo livre com alguma atividade não remunerada, mas significativa e repleta de sentido, a sua depressão desaparecia. A Logoterapia — também chamada de Terceira Escola Vienense de Psicoterapia — vê a consciência como um fator estimulador que, se necessário, indica a direção em que temos que nos mover em determinada situação da vida. Como ensina a Logoterapia, há três caminhos principais pelos quais se pode chegar ao sentido da vida. O primeiro consiste em criar um trabalho ou fazer uma ação. O segundo está em experimentar algo ou encontrar alguém; em outras palavras, o sentido pode ser encontrado não só no trabalho, mas também no amor. O terceiro caminho para o sentido da vida é quando, diante de uma situação sem esperança, quando se está enfrentando um destino que se não pode mudar, que possamos crescer para além de nós mesmos, mudar e transformar a tragédia pessoal em algo maior. Foi o que eu fiz.

Tem uma citação do Rudolf Dreikurs, um psiquiatra austríaco, de que gosto muito: "Assim como as crianças precisam de treinamento, os pais também precisam ser treinados. O treinamento consiste em aprender novas respostas às provocações das crianças, o que pode levar a novas atitudes e abrir novos caminhos onde florescem relacionamentos mais harmoniosos."

As necessidades físicas das crianças com desenvolvimento atípico são grandes e é para lá que os pais vão, buscando atendê-las assim que descobrem o diagnóstico. Fisioterapeutas, fonoaudiólogas, terapeutas ocupacionais, enfermeiras, uma equipe multidisciplinar entra em ação para estimular e cuidar. Dependendo do tipo de deficiência, essas crianças irão precisar de apoio para fazer coisas básicas do dia a dia, como se alimentar, se vestir, tomar banho e se comunicar. E, com isso, não sobra tempo — e às vezes nem dinheiro — para olhar para as necessidades emocionais dos pais e dos filhos e para melhorar essa relação.

Muitos pais — especialmente os mais carentes — não têm acesso a livros, cursos e uma orientação que os ajudem a melhorar a educação dos filhos. Com isso acabam reproduzindo o que aprenderam com seus pais ou se baseando na cultura em que estão inseridos, que os desencoraja o tempo todo. Assim, ficam mais suscetíveis a erros, o que lhes causa sofrimento e lhes impede de alcançar os resultados que desejam.

Gosto de imaginar o processo de criar filhos ou de ensinar crianças com deficiência como uma jornada. O que fazemos quando estamos nos preparando para uma viagem importante? Geralmente reunimos informações sobre o destino, conferimos a condição meteorológica para decidir que tipo de roupa vamos levar na mala, criamos um itinerário dos lugares que queremos visitar (e, com isso, calculamos quanto de dinheiro vamos gastar), separamos os itens que nos serão úteis (carregador de celular, remédios, sombrinha, chapéu, óculos, filtro solar) e iniciamos a viagem, sabendo que podem acontecer imprevistos. A previsão do tempo pode mudar, o trânsito pode estar ruim ou podemos nos perder no caminho e não conseguir fazer tudo o que foi planejado. Podemos passar mal ou ter de recorrer à ajuda de alguém para tirar dúvidas. Quanto mais preparados estivermos, melhor nos sairemos para aproveitar a viagem.

Assim também é a jornada de educar uma criança. Precisamos nos preparar, buscar conhecimento, recursos e ferramentas que nos auxiliem e tornem mais leve e prazeroso o caminho. Eu trouxe aqui um exercício para ajudar você a perceber como está a sua preparação.

➡ Você já tomou consciência que, enquanto pais, estamos o tempo todo construindo futuros?

SIM ( )   NÃO ( )

➡ Você já parou para pensar como gostaria que seu filho estivesse daqui a vinte anos?

SIM ( )   NÃO ( )

➡ Você já conseguiu aceitar o diagnóstico e enxergar a criança além dele?

SIM ( )   NÃO ( )

➡ Você consegue saber o que sua criança precisa ou sente na maior parte das situações?

SIM ( )   NÃO ( )

➡ Você consegue ajudar seu filho a lidar com a tristeza, a raiva ou a frustração?

SIM ( )   NÃO ( )

▶ Você sabe como encorajar sua criança para que ela dê o melhor de si?

SIM ( )   NÃO ( )

▶ Você superprotege seu filho?

SIM ( )   NÃO ( )

▶ Quando sua criança está tendo dificuldade com uma tarefa, você sente que consegue ajudá-la de maneira eficaz?

SIM ( )   NÃO ( )

▶ Você entende as singularidades da sua criança? (O que ela mais gosta, as coisas com as quais tem dificuldade, quais são seus pontos fracos e potencialidades.)

SIM ( )   NÃO ( )

▶ Sabe qual é o temperamento do seu filho?

SIM ( )   NÃO ( )

▶ Sua conexão com seu filho é boa?

SIM ( )   NÃO ( )

▶ Você tem se dedicado a afetar positivamente a vida da sua criança com uma educação empática e respeitosa?

SIM ( )   NÃO ( )

Se você respondeu "Não" à maioria das questões, não se preocupe. Sempre é tempo de aprender uma melhor forma de se relacionar com quem a gente ama.

Sugiro que comece fazendo uma lista com cinco itens de como gostaria que sua criança fosse (características e comportamentos) e depois faça outra lista de como sua criança realmente é (pontos fortes e fracos). Quanto maior a diferença entre essas duas listas (filho ideal x filho real) maior será o seu nível de ansiedade e estresse. Não podemos mudar o diagnóstico, mas podemos mudar a nossa visão em relação a ele.

Eu, por exemplo, durante um tempo só enxergava a coluna torta da Luísa (com a escoliose e cifose) e desejava que ela fosse reta. Eu queria que ela se encaixasse no padrão considerado "normal" e isso me causava muito sofrimento. Hoje eu aceito a Luísa exatamente como é. Sua coluna diferente não me incomoda mais, porque eu mudei a minha visão em relação a ela.

Para entender como as crenças podem mudar nossa visão diante de uma mesma situação, convido você a pensar que estar sozinho pode significar solidão para algumas pessoas e, para outras, paz. A deficiência pode ser vista como uma característica ou como uma incapacidade. Quando algo não sai como esperamos, algumas pessoas podem se sentir frustradas e com raiva, e outras podem ver nisso uma oportunidade de aprender uma nova forma de ver as coisas. Tudo vai depender de como a gente enxerga.

O nosso olhar em relação às crianças e a nossa reação a seus comportamentos irá afetar seu desenvolvimento positiva ou negativamente. Por isso, precisamos estar atentos à nossa responsabilidade enquanto pais, terapeutas e professores. A disciplina positiva nos convida a usar novas lentes e fazer as adaptações necessárias para conseguirmos usar as ferramentas com as crianças com deficiência. Se a criança não está se expressando de maneira eficaz, precisamos cuidar da nossa via de comunicação, buscar recursos de comunicação alternativa, fazer os ajustes e oferecer o suporte necessário.

Pode surgir a tendência, apesar das melhores intenções dos pais, cuidadores ou professores, de fazer mais pelas crianças com deficiência do que é bom para ela. A proteção é saudável, mas a superproteção é algo danoso. Muitos pais de filhos com deficiência adotam uma exagerada conduta de superproteção. Vivem pelo filho, falam por ele, decidem por ele, solucionam os seus problemas, impossibilitando o seu desenvolvimento. Esses pais acabam projetando seus próprios medos e ansiedades nos filhos e, na tentativa de evitar o sofrimento, fazem muito por eles. Outros superestimam os riscos e pensam sempre no pior que pode acontecer, mantendo as crianças ou adolescentes dentro de uma bolha. Alguns têm a crença de que a deficiência torna a pessoa incapaz de realizar algumas tarefas e a impede de tomar decisões ou ainda sentem pena dela — reflexo do capacitismo e de crenças equivocadas.

Quando eu superprotejo alguém com deficiência ou faço por essa pessoa aquilo que ela mesmo poderia, envio uma mensagem inconsciente de que ela não é capaz. Ao receber essa mensagem, ela passa acreditar que sempre precisará de alguém fazendo aquilo por ela, o que atrapalha a sua aprendizagem e desenvolvimento. As crianças que foram superprotegidas têm mais medo de errar; dificuldade em socializar; são mais fracas emocionalmente; podem desenvolver ansiedade e depressão; ter baixa autoestima e se tornarem totalmente dependentes dos outros. Precisamos lembrar que as dificuldades ajudam as crianças a desenvolverem seus músculos da capacidade.

Gosto de fazer uma analogia com a lagarta. Quando ela está no casulo, tem de fazer um esforço grande para sair e é isso que irá fortalecer os músculos que se tornarão as asas da borboleta. Se, para ajudar a lagarta, cortarmos o casulo, a borboleta não terá forças para voar. Sem o esforço, o potencial da borboleta não se realizará. Portanto, devemos buscar sempre um equilíbrio que acomode a deficiência da criança e a encoraje a realizar o que está a seu alcance. Reorganizar o nosso modo de pensar e agir e, no lugar de fazer as coisas por ela, ter paciência, investir tempo em treinamento, fazer junto e ir diminuindo a ajuda gradativamente até que ela consiga fazer sozinha.

Os pais e professores que conseguem enxergar além do diagnóstico e das eventuais limitações que a deficiência impõe, que visualizam o potencial de cada criança e que acreditam nelas, fazem as adaptações necessárias e estimulam suas habilidades e competências, contribuindo para formar adultos mais aptos para lidar com os problemas de forma mais autônoma. Ser autônomo é ter capacidade de tomar decisões e planejar seus objetivos. A conquista da autonomia é importante para o desenvolvimento físico e psicológico de qualquer pessoa e o sucesso nesse processo vai depender da realidade de cada indivíduo.

- Quais são as limitações que a deficiência impõe?
- Em qual meio a criança está inserida?
- Quais são as crenças que têm sido passadas para ela?
- Você permite que ela tente fazer as coisas sozinha?
- Como lida com os erros e as frustrações?

A família e a escola irão desempenhar um papel fundamental no desenvolvimento dessa habilidade que começa na infância. A questão da independência e da autonomia sempre foi uma prioridade na educação dos meus filhos. Eu tenho a consciência de que não sou eterna e tudo que faço é pensando em capacitá-los para que consigam alçar seus voos sozinhos. Luísa aos 18 anos fez uma viagem para São Luís do Maranhão com uma amiga, sem ninguém da família (moramos no Espírito Santo, a quase três mil quilômetros de lá). Confesso que, antes de ela ir, ficamos com medo. Luísa é dependente em várias tarefas do dia a dia e a sociedade capacitista nos fez acreditar que pessoas como a minha filha não podem ser livres, que a dependência a coloca como uma presa fácil de relações abusivas, o que é assustador. Mas, mesmo sabendo de todos os riscos, meu marido e eu acreditamos nela e permitimos que vivesse essa experiência. Foram cinco dias repletos de alegria e situações desafiadoras: seis voos, viagens de ônibus, passeio de barco e jipe nos Lençóis Maranhenses, dois hotéis diferentes, shows, festas, almoços e jantares. Ela passou alguns perrengues, mas conseguiu se virar. A viagem foi maravilhosa e nos ensinou que Luísa pode ser livre da sua maneira. E que, mesmo estando acompanhada e dependendo de alguém, ela faz as suas próprias escolhas. Isso é autonomia.

Para garantir que o filho com deficiência tenha um futuro feliz e possa fazer suas próprias escolhas, assumindo o protagonismo de sua existência, para que consigam desmitificar o papel de coitadinhos que historicamente carregam, é necessário que nós, pais, sejamos os grandes incentivadores de sua independência, encorajando-os a se tornarem suas melhores versões.

Para isso precisamos:

1- Envolvê-las nas tarefas cotidianas. O fortalecimento da independência de uma pessoa com deficiência começa nos ensinamentos básicos com os cuidados pessoais. É fundamental que ela tenha uma rotina estabelecida com as adaptações necessárias para que consiga exercer atividades como tomar banho, escovar os dentes e lavar o cabelo. Além disso, vale envolvê-la em tarefas úteis, como estender a roupa, limpar a casa, lavar a louça, cozinhar, regar as plantas e arrumar os brinquedos. Quando conseguem realizar alguma dessas tarefas ou parte delas, as pessoas com deficiência se sentem capazes, importantes e pertencentes;

2- Estimulá-las a buscar seus interesses e preferências. É importante deixar a criança com deficiência escolher a roupa que vai vestir, e considerar seus gostos por filmes, jogos, bandas, músicas favoritas e comidas prediletas. Em alguns casos, será necessário o uso da comunicação alternativa e aumentativa. Mesmo que ela não fale, é importante buscar recursos de comunicação para que ela se faça entender e consiga tomar decisões. Você pode usar suportes visuais ou táteis (fotos, imagens, desenhos, palavras impressas, objetos ou braille), pode também explorar a comunicação não verbal (expressões faciais, gestos, linguagem corporal, tom de voz). Essas adaptações de comunicação permitirão que a criança com deficiência participe da resolução de problemas e da tomada de decisão. Essa autonomia contribui para uma boa autoestima;

3- Permitir que elas convivam em sociedade. É importante que as crianças e jovens com deficiência ocupem seu espaço. Isso significa que eles devem ir ao shopping, passear no parque, andar de transporte público, estudar, ter amigos e inclusive namorar. Todas essas atividades bem orientadas, e com o devido apoio, fazem com que eles se desenvolvam e aprendam a conviver com diferentes pessoas e situações.

No capítulo 4, expliquei a diferença entre o elogio e o encorajamento. O encorajamento é uma parte importante da educação porque faz com que se sintam aceitos, importantes, e se percebam como capazes, dando sua contribuição na família, na escola ou no trabalho.

Rudolf Dreikurs disse que crianças malcomportadas são crianças desencorajadas. O encorajamento as motivam a agir melhor. Quando as encorajamos, ajudamos seus corações a ficarem fortes.

Na minha vivência com os jovens e adultos com deficiência do projeto, pude experimentar vários exemplos de como o encorajamento faz diferença e muda a vida da pessoa. Mas selecionei o caso de uma jovem de 35 anos para lhe mostrar. Ela é formada em jornalismo, tem pós-graduação, possui uma deficiência física e por isso usa cadeira de rodas. Estava em casa sem trabalhar, sem namorar, sem sair. Apesar de ter pais maravilhosos, e ser uma mulher de fé, sua saúde não andava muito boa — estava acima do peso e tinha crises epiléticas e de disautonomia, doença que afeta o sistema nervoso autônomo, responsável por comandar ações automáticas, sem que haja interferência do paciente, por exemplo, as batidas do coração, a circulação do sangue, a pressão arterial e os movimentos do intestino. Começou participando das ações do projeto e aos poucos fui dando poder a ela. Passei a senha do Instagram para que ela nos ajudasse com as postagens. Pedi que ficasse responsável por responder os e-mails e mensagens diretas. Aos poucos, sua participação foi aumentando e ela foi ficando mais segura e confiante. Até o dia em que a convidei para assumir a vice-presidência da ONG e ela topou. Emagreceu 22 quilos, melhorou totalmente a saúde e se empoderou, chegando à presidência. Essa jovem com deficiência sempre foi inteligente e capaz. O que faltava era alguém que acreditasse nela e lhe desse oportunidades de mostrar os seus talentos.

Encorajamento é o espaço que nós criamos para fazer com que os outros se tornem seus melhores eus. E o que eu fiz foi exatamente isto: criei um espaço para que ela mostrasse a sua melhor versão. Ela já tinha uma família amorosa. Seu balde de afeto e aceitação em casa já estava cheio, sua base era forte, o que ajudou bastante. Mas sabemos que nem sempre é assim; a grande maioria chega muito desencorajada, com a crença de que "não consigo ser aceito, não sou perfeito, sou incapaz e impotente, nem adianta tentar porque não vou conseguir". São muitas as barreiras de preconceito que essas pessoas têm de enfrentar na sociedade e às vezes dentro da própria família.

Pessoas com deficiência precisam de respostas proativas e encorajadoras dos pais e educadores. Precisam de pessoas que não desistam delas, que acreditem no seu potencial e nas suas habilidades e que valorizem seus pontos fortes. Que decomponham as tarefas em pequenos passos, mostrando como fazer, mas não fazendo por eles. Que parem com as críticas e comparações. Que foquem nas soluções, reconheçam o esforço, valorizem cada tentativa e façam as adaptações necessárias. Precisam de pessoas que planejem, criem e ofereçam oportunidades para que tenham sucesso; que peçam ajuda e os envolvam em tarefas úteis. Que mostrem que os erros fazem parte do aprendizado. Que tenham paciência de esperar para que desenvolvam as habilidades no tempo delas — que será diferente do nosso. Pessoas que adaptem a comunicação e nomeiem os sentimentos. Precisam de adultos que curtam estar com elas, que saibam usar o senso de humor e as ensine a não se levar tão a sério.

Pais desencorajados não conseguem encorajar os filhos. Na maternidade atípica, vemos muitas mães exaustas, com pouca ou nenhuma rede de apoio, que não conseguem delegar os cuidados específicos dos filhos e que têm pouco tempo livre, devido às muitas terapias e às altas demandas (a maioria é abandonada pelo pai da criança e se torna mãe solo). Mães que têm de lutar por direitos básicos como acessibilidade e autorização do plano de saúde. Que passam aperto financeiro e têm dificuldade em achar uma escola realmente inclusiva. Que lidam com julgamentos dos outros e estão desencorajadas de tanto sofrerem preconceito.

Por isso, precisamos primeiro encorajar essas mães. Abaixo estão algumas sugestões para isso:

1- Explique para elas sobre a importância do autocuidado e pergunte sobre o que podem abrir mão em sua rotina ou delegar para que sobre um tempo só para elas;

2- Leve-as a rever algumas crenças limitantes e a expandir sua consciência;

3- Ofereça a elas ferramentas de inteligência emocional e comunicação não violenta;

4- Trabalhe o autovalor, a autocompaixão e a autoestima delas;

5- Ofereça novas lentes para que consigam enxergar os filhos além do diagnóstico. Ajude-as a pensar sobre o que o filho é capaz de fazer, seus pontos fortes e quais são os seus sonhos para o futuro;

6- Explique o mal da superproteção e das baixas expectativas;

7- Lembre essas mulheres sobre a importância de dedicar um tempo de qualidade ao filho;

8- Explique como usar o encorajamento. *Eu notei, eu percebo, eu vejo, eu admiro, obrigada por..., eu acredito, eu confio.*

9- Incentive-as a participar de grupos de apoio, com outras mães atípicas, nos quais poderão partilhar os desafios que enfrentam, sem serem julgadas.

A neurociência nos ensina que somos reflexo dos nossos pensamentos, que processamos a informação sem diferenciar o real do imaginário. A primeira batalha que a família da pessoa com deficiência enfrenta é vencer o rótulo da limitação que carrega. É preciso derrubar esse muro. As barreiras externas ainda são muitas e a luta pela inclusão é grande. Mas precisamos focar o que está no nosso controle e buscar recursos internos para fortalecer e preparar nossos filhos e alunos para a vida. A educação empática e respeitosa pensa a longo prazo e desenvolve habilidades socioemocionais importantes, como a resiliência, a autoconfiança, empatia, a criatividade e a capacidade de se comunicar e de resolver problemas.

Seguir as rotinas de forma independente e autônoma é um desafio para as pessoas com deficiência. Porém, o perfil de quem convive diretamente com elas irá influenciar o seu desenvolvimento. Independentemente de como o mundo enxerga ou julga lá fora, a família e as pessoas mais próximas têm o poder de influenciar e encorajar as pessoas com deficiência. Por trás de filhos que acreditam em si mesmos, existem pais que acreditaram neles primeiro.

Em um dos experimentos de psicologia mais famosos já realizados, pesquisadores aplicaram testes de inteligência em alunos de uma escola primária. Depois, os pesquisadores disseram aos professores de cada turma quais alunos foram identificados como gênios acadêmicos, aqueles que apresentaram maior potencial de crescimento. Eles instruíram os professores a não mencionar os resultados do estudo e não passar nem mais nem menos tempo com eles. No final daquele ano, os alunos foram testados novamente e apresentaram um desempenho intelectual fora do comum. Os pesquisadores escolheram os nomes aleatoriamente e mentiram para os professores sobre a capacidade desses alunos. Mas, no final do experimento, eles de fato haviam se transformado em gênios. Então, o que fez esses alunos medianos se tornarem extraordinários? A crença que os professores tinham em seu potencial, que foi expressa mesmo que de forma inconsciente. Essas mensagens não verbais foram captadas pelos alunos e transformadas em realidade. Esse fenômeno é chamado de efeito Pigmaleão: quando a nossa crença no potencial de alguém acaba concretizando esse potencial. Isso comprova que as expectativas que temos em relação aos nossos filhos podem muito bem se transformar em realidade.

"As crianças agem melhor quando se sentem melhor." Baseado nessa frase de Jane Nelsen, responda:

1- Como você acha que as crianças se sentem quando percebem que os adultos estão disponíveis para criar estratégias de conexão com ela?

2- O que pensam sobre elas mesmas quando percebem que os pais, cuidadores e professores investem tempo, carinho, cuidado, e se dedicam a elas?

3- Como a criança se comporta quando se sente aceita e importante?

Todas as crianças, incluindo crianças com deficiência, se esforçam para se sentirem aceitas e importantes em suas famílias e comunidades. Quando a abordagem de tratamento ou ensino inclui respeito, empatia e disponibilidade afetiva, ela se sente bem e colabora.

Pedir ajuda à criança com deficiência é encorajador e pode ser uma ferramenta valiosa, já que ela frequentemente experimenta um senso diminuído de poder pessoal em virtude das limitações associadas à sua condição. O ato de ajudar de alguma forma pode levar a criança a desenvolver a crença de que é capaz e a sentir que tem controle sobre alguma parte do seu ambiente.

Oferecer escolhas limitadas também faz com que a criança sinta seu próprio poder pessoal. Exemplo: "Você quer usar o vestido ou a saia? Balança a cabeça quando chegar na peça de roupa que você quer usar. É essa? Sim ou não?"

Comunicação é poder, e dominar esse recurso muda nossa vida completamente. Diferente do que muitos pensam, existem muitas maneiras de se comunicar. Hoje, na internet, tem pais, professores e terapeutas que se dispõem a compartilhar suas experiências do dia a dia, mostrando suas rotinas, como constroem uma via de comunicação com crianças e jovens que não se comunicam de forma verbal. Essas vivências na prática são muito ricas para ajudar quem está começando. A troca de experiências e informações fornece um suporte emocional (você se sente acolhida) e um senso de pertencimento a uma rede na qual você é compreendida.

A família é primordial no processo. Os terapeutas são transitórios na vida dos pacientes; já os pais são para toda a vida. Por isso a importância de encorajá-los, já que são eles que ficarão a maior parte do tempo com as crianças.

Devemos trabalhar a relação em todos os momentos para que a cooperação surja naturalmente e para que possamos colher os frutos lá na frente. Quando o filho se sente querido, quando sente que é escutado com atenção, que o levam a sério na casa ou na escola, que o envolvemos na resolução dos problemas que lhe dizem respeito, eles se sentem felizes e assim obtemos melhores resultados. A qualidade da relação que estabelecemos com os nossos filhos e o tipo de experiência que eles vivem determinam a pessoa que vão ser. O nosso papel então deve ser o de educar, guiar, orientar e levar a criança a descobrir o que ela tem de melhor.

A teoria nos livros e nos cursos é de um jeito, mas a prática com cada criança é bem diferente. Não existe uma receita mágica que serve para todos os tipos de deficiência. Cada criança é única e possui demandas e temperamentos diferentes, mesmo dentro de um mesmo diagnóstico. Por isso, conheço mães que se tornaram especialistas em seus próprios filhos.

A função dos pais de crianças com deficiência não é fácil. A pressão que sentimos pode ser enorme. Sempre deixo claro para os pais que oriento que educar é um processo de aprendizado e melhoria contínua. Inevitavelmente vamos cometer erros. E aqui eu trago um dos erros muito comuns em famílias com mais de um filho: frequentemente recebo relatos de irmãos que não se sentem importantes, amados ou pertencentes quando estão inseridos num contexto familiar no qual os pais, sem perceber, dão mais atenção para o filho que tem deficiência. Daí podem surgir nos irmãos sentimentos como ciúmes e inveja, por não ser o favorito do pais (alguns inclusive desejam ter uma deficiência para conseguir atenção e cuidado); irritabilidade, por ter de fazer mais tarefas que o irmão; vergonha de mostrar para os coleguinhas que tem um irmão assim; culpa, por poder se divertir nas festinhas e o irmão não; preocupação, angústia ou medo diante de uma internação ou cirurgia; pressão e ansiedade por se sentir responsável pelo irmão na ausência dos pais.

É preciso que os pais:

1- Estejam atentos para acolher, reconhecer e validar todos esses sentimentos, oferecendo ferramentas para que os filhos consigam lidar com eles;

2- Separem um tempo especial para cada filho e façam o "dia do filho único";

3- Parem e se perguntem: o que cada filho precisa? Como cada filho se sente amado? Lembrando que somos seres únicos e que cada um pode sentir o amor dos pais de uma maneira diferente;

4- Coloquem-se num lugar de escuta. Façam reuniões de família e abram espaço para o diálogo;

5- Estabeleçam limites claros, de acordo com as fases de desenvolvimento de cada filho;

6- Usem a culpa a seu favor e lembrem-se de ter a coragem de serem imperfeitos;

7- Evitem puni-los quando errarem. Eles vão aprender e recomeçar.

É importante conhecer o princípio, as técnicas e as ferramentas da educação respeitosa e empática. Mas o sucesso dependerá de você conseguir colocar o seu coração e usar a sua sabedoria interior para encontrar as melhores maneiras de aplicá-las.

Tenha confiança em si mesmo e confiança na sua criança ou adolescente. Nossos filhos geralmente sabem quando estamos sendo sinceros e quando desejamos entrar no mundo deles e vê-los a partir de outra perspectiva. Invista tempo para aprimorar as habilidades de relacionamento interpessoal, para aumentar seu senso de aceitação e de importância em casa e na escola. Assim, essas crianças vão crescer e se tornar adultos conectados, responsáveis e pertencentes à comunidade em que estão inseridos. Crianças com deficiência também são capazes de crescer positivamente e de aprender. Elas podem desenvolver uma maior capacidade de assumir a responsabilidade por suas próprias vidas.

Lembro-me de cada passinho cambaleante da Luísa e do esforço enorme que ela tinha de fazer para se manter de pé quando começou a andar; me lembro dos vários tombos que ela tomou, dos muitos galos na cabeça, dos pontos dados no pronto-socorro, do sangue escorrendo pela testa, dos dentes de leite quebrados e do suporte que ela precisava para conseguir se levantar do chão quando caía. Lembro do meu desespero, da preocupação e do cansaço, mas também da força que surgia cada vez que eu tinha de ajudar a minha filha nessas situações. Lembro dos muitos erros que cometi e de como a minha jornada foi mais difícil por eu não ter tido acesso às informações que eu tenho hoje. A minha menina cresceu, eu cresci. Estamos maiores do que éramos antes e aprendendo sempre, num processo de melhoria contínua.

Capítulo 14

Eu sou maior do que era antes!

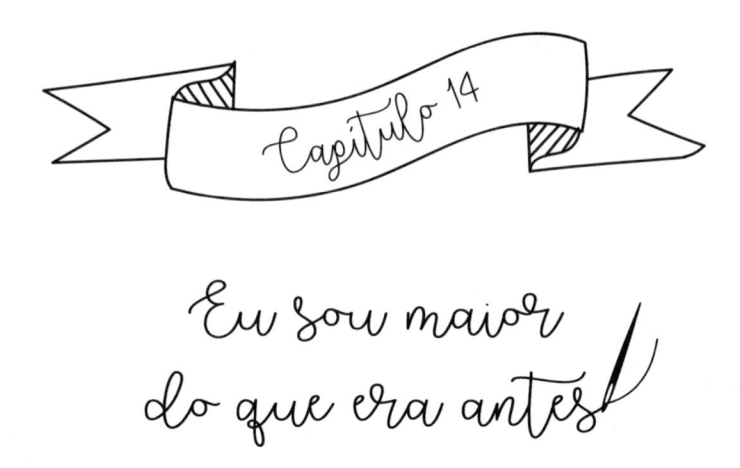

O que vale na vida não é o ponto de partida, e sim a caminhada
Caminhando e semeando, no fim, terás o que colher.

Cora Coralina

No meio do ano de 2021, com a maioria das pessoas já vacinadas e os números de casos de Covid-19 caindo, me deu vontade de voltar para a dança. Falei com Luísa e ela também se animou. Além de ser bom para movimentar o corpo, eu sabia que aquilo faria bem para a nossa alma. Só que eu ainda não tinha coragem de ir para a academia, então pedi ao professor Jeremias para começar nos dando aula em casa. Depois de tanto tempo paradas, fomos aos poucos redescobrindo o que o nosso corpo era capaz de fazer. Em outubro, ele decidiu que ia fazer uma apresentação no final do ano e nos convidou para participar. Teríamos dois meses para ensaiar. Mesmo com medo da pandemia, topamos. Quando ele revelou a música que tinha escolhido para a gente dançar, eu não acreditei! Era uma canção que eu escutava direto e tinha um significado importante para mim: "Maior", de Dani Black e com participação de Milton Nascimento. A letra diz o seguinte:

Eu sou maior do que era antes. Estou melhor do que era ontem.

Eu sou filho do mistério e do silêncio. Somente o tempo vai me revelar quem sou.

As cores mudam. As mudas crescem. Quando se desnudam.

Quando não se esquecem daquelas dores que deixamos para trás.

Sem saber que aquele choro valia ouro.

Estamos existindo entre mistérios e silêncios. Evoluindo a cada lua, a cada sol.

Se era certo ou se errei. Se sou súdito, se sou rei.

Somente atento à voz do tempo saberei.

Eu tinha conhecido essa música no ano anterior, num dia em que eu tinha um trabalho importante para entregar e, na hora de finalizar para enviar, fiquei insegura achando que não estava bom. Bateu a síndrome da impostora — que é quando o indivíduo constrói, dentro da sua cabeça, uma percepção de si mesmo como alguém incompetente ou insuficiente. Nesse dia, eu me tranquei no closet, liguei o Spotify no modo aleatório e entrou essa música: "Maior". Lembro que fechei os olhos e dancei prestando atenção na letra, que fez total sentido para mim. Ela me despertou uma sensação boa, me fez lembrar que eu não sou perfeita, mas estou melhor do que era antes. Isso me encorajou a entregar o trabalho, e a partir dali essa se tornou a música que eu ouvia sempre que precisava ter coragem para seguir adiante.

Quando soube que essa era a música que eu dançaria com Luísa, agradeci e me entreguei ao processo de criação do professor, que foi construindo a coreografia com a gente, semana a semana.

Uma pesquisa desenvolvida na Universidade da Califórnia mostrou que ouvir música pode despertar pelo menos 13 sentimentos: diversão, alegria, erotismo, beleza, relaxamento, tristeza, devaneio, triunfo, ansiedade, medo, aborrecimento, desafio e empolgação. Isso acontece porque o nosso humor está diretamente relacionado aos neurotransmissores serotonina e dopamina, e a música tem a capacidade de estimular esses circuitos, modulando os nossos sentimentos. Além disso, a memória que determinada música evoca também influencia no sentimento que aquela canção proporciona, o que explica o fato de algumas músicas serem consideradas boas para algumas pessoas e ruins para outras.

(Eu preparei uma *playlist* com as músicas que cito aqui no livro. Por meio deste QR Code, você poderá acessá-la. Sugiro que escute cada canção prestando atenção nas emoções que ela desperta. Depois você pode criar a sua própria, com músicas que são importantes e fizeram parte da sua trajetória. Se quiserem compartilhar comigo como foi essa experiência musical, ficarei feliz em saber.)

Voltando à história, no mesmo mês recebi um telefonema de uma amiga jornalista falando que tinha mostrado meu primeiro vídeo dançando com Luísa para a produtora do Fantástico, que gostou muito dele, e falou que ela entraria em contato comigo. Alguns dias depois, eu estava sendo convidada pela Globo para participar de uma videochamada pelo Zoom. Contei a nossa história, fui respondendo às perguntas que a jornalista me fazia e, no final, a pessoa falou que ia mostrar a gravação para Poliana Abritta e que ela iria decidir se a nossa história era boa o suficiente para sair no quadro Mulheres Fantásticas. Ela pediu para eu aguardar o próximo contato, que aconteceria dentro de algumas semanas. Guardei o segredo e tentei controlar minha expectativa para não me frustrar, caso ninguém me ligasse. Alguns dias depois, fomos selecionadas e, em novembro, Luísa e eu embarcamos para o Rio de Janeiro, para gravar com a equipe do Fantástico, na Cidade das Artes, na Barra da Tijuca.

Poliana destrinchou a nossa história, fez muitas perguntas, e Luísa e eu terminamos a gravação dançando para ela e equipe. No final do dia, a motorista nos deixou no Aeroporto Santos Dumont e, enquanto esperávamos o avião decolar, assistimos a um pôr do sol deslumbrante da janela, com a vista da Baía de Guanabara. Que presente! Registrei o momento e, de novo, agradeci.

Estávamos vivendo um sonho. Ficou combinado que a Poliana e sua equipe viriam a Cachoeiro em dezembro para gravar a nossa apresentação e também para registrar um pouco da nossa rotina em casa e na cidade.

O programa foi ao ar no dia 2 de janeiro de 2022. No primeiro domingo do ano, reunimos a família para assistir ao vivo o Fantástico. Foram três dias de gravação e eu estava ansiosa para ver o que tinham escolhido passar. A edição resultou em 11 minutos de participação no quadro Mulheres Fantásticas e eu gostei do que vi. A narração inicial foi feita pela atriz Alinne Moraes, que contou a história de Minna, uma garotinha inglesa que nasceu em 1909 e teve de superar muitas barreiras para se dedicar à música, sua grande paixão. Apesar de toda dificuldade, ela não desistiu e viu seu sonho realizado quando tinha oitenta anos! Minna ganhou uma bolsa quando fez dezoito, mas, no século passado, a mulher que seguisse carreira na música não era bem-vista pela sociedade. Ela teve de se casar e ter filhos e, só aos sessenta anos, começou a dar aulas de música. Aos oitenta, compôs uma sinfonia, que ganhou prêmios importantes. Minna Keal — uma das maiores compositoras da Inglaterra — provou que nunca é tarde demais para causar um impacto. Antes de realizar seu sonho, Mina encontrou uma porta fechada atrás da outra, mas não desistiu e seguiu em frente. Alinne fez uma analogia com a nossa história e disse que, assim como Minna, Luísa e Mônica encontraram muitas portas fechadas, mas decidiram que, juntas, iam abrir uma por uma.

Enquanto o programa ia sendo transmitido, um filme passava na minha cabeça e as lágrimas escorriam. O meu celular e o da Luísa não paravam de tremer, eram muitas mensagens chegando ao nosso WhatsApp e Instagram. Pessoas parabenizando; dizendo que ficaram emocionadas; perguntando onde compramos o andador; querendo conhecer e ajudar a ONG; dizendo que tinham o mesmo diagnóstico da Luísa; me contando sobre as suas vidas e agradecendo por termos contado a nossa história; dizendo que, ao nos ver, se sentiram tocadas e encorajadas a também fazer algo para mudar suas vidas e cidades; pessoas compartilhando seus projetos; mães dizendo que viram em nós a força de que precisavam. Eu, emocionada, lia cada mensagem, tentava responder e só agradecia.

Em outubro de 2021, Luísa fez 18 anos, alcançando a maioridade em plena pandemia. Começou a produzir conteúdos na internet, gravar vídeos, escrever textos, e as pessoas foram gostando. Com isso, os trabalhos com publicidade e palestras começaram a aparecer. Ela terminou o Ensino Médio, iniciou a faculdade de Jornalismo e a minha alegria é imensa ao ver o caminho que ela está trilhando. Confesso que eu me surpreendo cada vez que a escuto falar e sempre aprendo muito com ela. Luísa, com a pouca idade, já revela uma maturidade digna de alguém com muita experiência de vida. Ela é estudiosa, responsável e esforçada, e sei que ainda vai voar longe.

O meu trabalho também deslanchou e comecei a ser procurada por empresas para dar palestras na área da diversidade e inclusão, e também na área da inteligência emocional e da parentalidade e educação positivas. Em alguns momentos, os nossos trabalhos se cruzam e viajamos juntas para palestrar e dançar. Com isso, nossa relação de mãe e filha se fortaleceu ainda mais.

Quando recebemos o diagnóstico da doença rara, há oito anos, eu temia o futuro. Era muito difícil pensar numa doença neurodegenerativa numa criança. O meu pensamento era: "Se hoje está ruim, amanhã pode estar pior." Era muito pesado isso. Precisei passar por todo o processo de aceitação até perceber que tinha coisas que eu não podia mudar. Aí consegui enxergar que, além daquele medo, tinha vida. Eu estava viva, minha filha estava viva e eu estava deixando de viver com ela, presa na preocupação, naquilo que eu não podia controlar. Foi quando entrei numa outra fase: "Já que não tenho certeza de nada, vou viver cada dia dançando conforme a música, fazendo o que eu posso e o que está ao meu alcance." Foi aí que eu comecei a sonhar e, sonhando, realizamos. Desde o dia em que peguei aquele envelope com o nome difícil Charcot-Marie-Tooth, já vivemos muitas coisas boas e outras nem tanto. Tem uma canção do Charlie Brown Jr., "Dias de luta, dias de glória", que diz:

> *Na minha vida tudo acontece.*
>
> *Mas, quanto mais a gente rala, mais a gente cresce.*
>
> *Hoje estou feliz porque eu sonhei com você.*

E amanhã posso chorar por não poder te ver.
Mas o seu sorriso vale mais que um diamante.
Se você vier comigo, aí nós vamos adiante.
Com a cabeça erguida e mantendo a fé em Deus,
o seu dia mais feliz vai ser o mesmo que o meu.
A vida me ensinou a nunca desistir, nem ganhar, nem perder, mas procurar evoluir.
Podem me tirar tudo que tenho, só não podem me tirar as coisas boas que eu já fiz para quem eu amo.
E eu sou feliz e canto, o universo é uma canção e eu vou que vou.
História, nossas histórias. Dias de luta, dias de glória.

Cada família é um conjunto de histórias que se encontrou, com marcas, crenças, dores e alegrias. A educação é uma jornada que nos dá um mundo de possibilidades para construir nossos caminhos diários e nos tornarmos pessoas melhores. Podemos fazer escolhas mais conscientes e potencializar nossos afetos. Podemos criar menos expectativas, viver com mais esperança, com menos correria e exigências, com mais gratidão. Podemos escolher descomplicar a vida, compreender os traumas, ressignificar as crenças limitantes e aprender novas formas de nos relacionar com quem a gente ama.

Nós não podemos alterar o mundo, mas podemos mudar a nós mesmos e, quando mudamos os nossos comportamentos, as nossas atitudes, a nossa maneira de comunicar, as pessoas ao nosso redor também mudam. Convido você a olhar para a maternidade/paternidade como uma ferramenta de transformação social. Quando somos pais, cuidadores e educadores mais conscientes, colocando-nos num lugar de escuta, estando abertos a aprender sem medo de errar, saindo da nossa bolha e pensando mais no coletivo, deixando-nos afetar pelo outro por meio da empatia, do respeito às diferenças, da compaixão e do perdão — assim, estaremos contribuindo para um mundo melhor, mais pacifico, humano e feliz.

Maternar é um processo de amor e sombras, de descobertas, de ressignificação, de reconstrução. O nascimento da Luísa me convidou a assumir outra postura diante da vida; me tirou do lugar comum, de um lugar confortável, e expandiu o meu olhar. Eu passei a enxergar beleza onde não via. Tive de rever meus conceitos e me reconhecer capacitista; fui buscar informação e estudar para ser mãe; tive de aprender a lutar. Sigo como aprendiz, atenta e agradecida pela sorte de experimentar uma nova perspectiva que até então não conhecia.

O que para mim começou como um incômodo e indignação pessoal — uma voz interior que dizia: "Não vou deixar que façam isso com minha filha, preciso lutar para garantir o direito de Luísa ser quem é, de ser como ela é" — ecoou e virou algo maior. E, assim, mais do que me realizar como mãe e com o trabalho voluntário na ONG, eu me encontrei numa nova carreira. O meu objetivo hoje é fazer com que os pais que me escutam, me leem ou me pedem orientação, consigam encarar o diagnóstico e a deficiência dos filhos com mais leveza do que eu encarei. É levar conhecimento, informação e recursos para as famílias e, assim, contribuir para que tenham uma melhor qualidade nas relações, vivam mais felizes e saibam que não estão sozinhas.

Aqueles 11 minutos no Fantástico resumiram a nossa história, com o que a equipe do programa achou mais importante contar. Mas tinha mais, e foi conversando com outra amiga jornalista que surgiu a ideia de escrever este livro.

Na verdade, eu comecei a ter a vontade de escrever em 2009. Mas só em 2022, treze anos depois, consegui levar isso adiante. Escrevê-lo foi como gestar um filho. O processo durou nove meses e me fez visitar partes da minha história que estavam bem guardadas, algumas até esquecidas.

Foi escrevendo que eu pude me dar conta do longo caminho que já andei. Não sei se isso acontece com você, mas percebo que temos uma tendência a olhar para o que ainda falta caminhar, o que está por vir, o que queremos fazer ou conquistar, e muitas vezes nos esquecemos de celebrar o que já percorremos. Viver só pensando no futuro nos deixa desconectados do momento presente. E com este livro eu pude perceber que a vida acontece nos intervalos. No intervalo entre desejar escrever e conseguir publicar, quanta coisa aconteceu... A vida está acontecendo agora, por isso lembre-se de aproveitar e curtir cada instante, cada intervalo.

Mas é preciso muita coragem para se abrir ao outro, e confesso que em alguns momentos eu me questionei se valia a pena me expor tanto. Eu sempre consultava Luísa e lia alguns trechos para ela. Bruno também participou do processo, me ajudando a lembrar algumas coisas. O tempo todo o que me moveu foi o propósito de usar minha experiência e compartilhar o que errei, acertei e aprendi para ajudar outras famílias. Ao partilhar a nossa história, não quero que sejamos vistas como um caso de superação, mas sim como um caso de amor. Eu sou só mais uma mãe, que assim como tantas outras se transforma em leoa para defender os filhos dos perigos, das injustiças e do preconceito.

Luísa fez grandiosa e bonita a nossa história. Os irmãos que vieram depois pegaram uma mãe e um pai mais preparados. Como família, estamos juntos nos enfrentamentos e encantamentos da vida, aprendendo a existir.

Eu amo ver filmes baseados em histórias reais e ler biografias, pois geralmente me trazem grandes ensinamentos e perspectivas diferentes. Eu sempre me encantei em saber como as pessoas enfrentaram seus problemas, como acreditaram em si mesmas, como foram capazes de encontrar e explorar seus talentos e como orientaram suas próprias vidas. Espero que a nossa história, aqui contada, tenha contribuído de alguma forma para orientar a sua caminhada.

Termino este livro lembrando que as crianças e os adolescentes de hoje são os adultos de amanhã. Filhos são pedaços do futuro, são parte de algo muito maior. Que futuro a gente está criando? Qual é o legado que você quer deixar para o mundo por meio dos seus filhos ou alunos?

A última música que compartilho é esta do Gonzaguinha, "O que é, o que é?":

Viver e não ter a vergonha de ser feliz,

Cantar e cantar e cantar a beleza de ser um eterno aprendiz.

Eu sei que a vida devia ser bem melhor e será.

Mas isso não impede que eu repita

É bonita, é bonita e é bonita...

Invista tempo na educação dos seus filhos, seja você a luz que iluminará o destino da sua família e que mudará o rumo das próximas gerações. Faça a sua parte com consciência e coragem. Deixe o medo de lado e lembre-se que hoje você é melhor e maior do que era antes. Afinal, como diz a música de Gonzaguinha, "somos nós que fazemos a vida como der, ou puder, ou quiser". Faça a sua vida acontecer, agora!

Mônica, minha mãe

por Luísa Pitanga

Confesso que fui a primeira pessoa a protestar contra a ideia da minha mãe de escrever este livro. Isso porque tinha medo de como me sentiria com a nossa história eternizada e exposta por meio de uma perspectiva que não a minha.

Mas, após ler o resultado final, constato que o livro me deu um grande presente: conhecer mais sobre a Mônica.

Pode parecer surreal que, após 19 anos convivendo diariamente, seja possível conhecê-la mais a fundo. Porém, aqui, não estou falando sobre minha mãe — essa conheço do avesso —, mas sobre a menina de 24 anos que viu sua vida inteira mudar após o dia 3 de outubro de 2003.

Ela diz que, nesse dia, renasceu. Para mim, foi apenas o início de muitos renascimentos que ela precisaria encarar. Não por conta da minha deficiência, mas por ter dado à luz uma menininha justiceira, cheia de opiniões divergentes das suas, que iria escancarar diante de seus olhos que o mundo não é tão acolhedor para todos quanto foi para ela.

Após ler o livro, posso imaginar o quanto foi difícil ter sido arrancada de uma posição social tão confortável para um lugar de luta. Mas sua disposição para se desconstruir e construir um mundo melhor, seja no ativismo, na parentalidade ou na educação positiva, é o que a torna mais bonita.

Desconheço uma mulher mais corajosa! Alguém que aceita novos desafios para ajudar outras pessoas, este livro é um exemplo disso. Com certeza, tê-la ao meu lado, me apoiando e encorajando em todos os momentos, me faz muito mais forte e crente de que posso transformar pessoas por meio da informação.

Só sou o que sou hoje por ter uma fortaleza de mulher para chamar de mãe, para amar de janeiro a janeiro, e vê-la sendo maior do que era antes todos os dias, mesmo em meio às dificuldades.

Tenho certeza de que todo leitor, ao fim do livro, vai considerar Mônica Pitanga uma mulher extraordinária e muito importante para o tempo que vivemos. Minha mãe é uma potência! Que a história dela motive vocês a construir conosco um futuro respeitoso e livre de preconceitos.

Com amor,

Luísa Pitanga

Uma história da vida

por Bruno Pitanga

Para escrever em poucas palavras algo de tamanha importância, mergulhando nas páginas deste livro, que, de certa forma, é uma biografia da pessoa que mais amo, preciso iniciar com uma pergunta que será o fio condutor do meu pensamento: o que é a vida?

Apesar de ser uma pergunta simples, não é nem um pouco fácil respondê-la. Posso, com total segurança, dizer que a vida é um fazendo, um gerúndio, é a história que vivemos. E mais: é a história que contamos de nós mesmos na primeira pessoa.

Conheci a Mônica há 27 anos, num dia de verão. Caminhávamos em direções opostas e nossos olhares se cruzaram com um inevitável e tímido oi! Naquele momento, encontrei a mulher da minha vida, uma menina tímida e bem educada que me encheu o coração e que, de forma poética, como em Sonhos de uma noite de verão, de Shakespeare, tomou conta de tudo. Nesse momento, entrei em sua biografia.

Construímos sonhos, namoramos, noivamos, casamos e, desse amor, surgiram os frutos: nossos filhos. Não vou me ater aqui aos detalhes de todo o sofrimento emocional por que passamos, pois certamente você já os leu, mas prefiro aproveitar as minha palavras para mostrar exatamente o contrário.

Voltando à questão de que a vida é a história que construímos e também responsável pela formação da nossa personalidade, tenho hoje uma Mônica que, em vez de se vitimizar e contar a sua história de forma triste e feia, ao contrário, mostrou a força de uma mulher pronta para a luta, preparada para ajudar tantas pessoas, que, lendo este livro, poderão entender que é possível mudar o mundo, mudar o seu mundo. Sem um conformismo paralisante, mas com ações que, de forma ordenada, ajudam outras famílias. Assim, com o seu estudo e experiência, ela contribui para o respeito à diversidade humana e para que a inclusão social de fato aconteça.

Quando a Mônica me apresentou a proposta de escrever este livro, eu já sabia que era um sonho, um desejo da parte dela. Sabia também que a sua experiência de vida e sua intensa dedicação aos estudos certamente seriam de grande ajuda para muitas pessoas.

Na vida, passamos por diferentes situações que nos ensinam coisas novas e nos fazem crescer como seres humanos. As experiências vividas moldam a forma como vemos o mundo e interpretamos os seus acontecimentos. Elas enriquecem nossas histórias e definem quem somos e nos tornamos.

A verdade é que as nossas vidas pessoal e profissional se entrelaçam. Uma impacta a outra e alimenta o que podemos fazer. O repertório que surge dessas experiências nos possibilita entender melhor as questões da vida profissional e pessoal. Por exemplo, nós nos tornamos pessoas melhores quando praticamos a empatia, buscando entender o outro. Isso faz uma diferença enorme na vida de qualquer um, dando-nos a possibilidade de realizar o bem à nossa volta e de ajudar outras pessoas.

Você, meu amor, me enche de orgulho, pois sei que este livro não tem apenas a proposta de contar a sua história, mas, sim, de transformar vidas — essa é sua principal missão.

Deus foi muito generoso comigo por ter providenciado aquele cruzamento de olhares, aquele primeiro oi e ter transformado o Sonho de uma noite de verão no meu sonho de uma vida inteira.

Sei que este livro já é um sucesso, pois conheço você, a sua vida e a sua história. Te amo, te admiro e estarei sempre na primeira fila te aplaudindo e vibrando com todos os seus sucessos e conquistas.

Com amor,

Bruno Pitanga

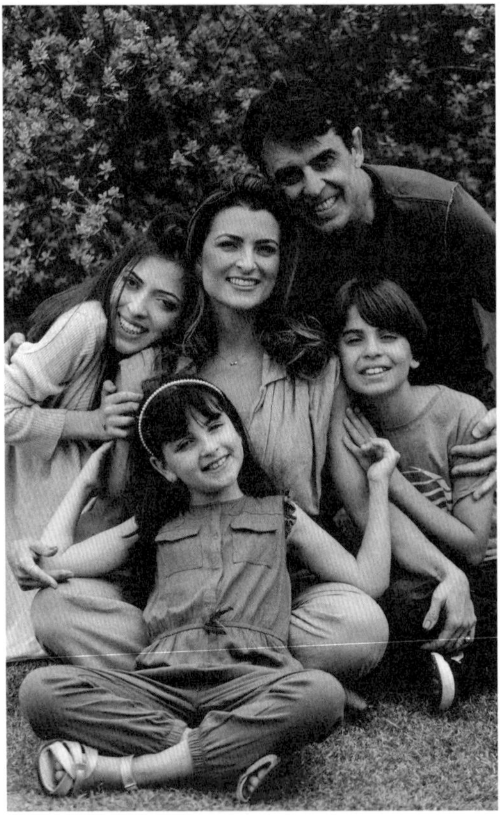

Bibliografia

ABRAHÃO, Telma. Pais que evoluem: um novo olhar para a infância. São Paulo: Literare Books International, 2021.

ACHOR, Shawn. O jeito Harvard de ser feliz. São Paulo: Benvirá, 2012.

BROWN, Brené. A coragem de ser imperfeito. Rio de Janeiro: Sextante, 2012.

DIAS, Magda Gomes. Crianças felizes. Barueri: Editora Manole, 2019.

FERRAZ, Ricardo. Bullying, vamos combater esse mal pela raiz? Publicação independente, 2012.

FRANKL, E. Viktor. Em busca do sentido. Petrópolis: Vozes, 2019.

GALERY, Augusto (Org.). A escola para todos e para cada um. São Paulo: Summus Editorial, 2017.

GOLEMAN, Daniel. Inteligência emocional, a teoria revolucionária que define o que é ser inteligente. Rio de Janeiro: Objetiva, 1995.

GUTMAN, Laura. Mulheres visíveis, mães invisíveis. Rio de Janeiro: BestSeller, 2020.

KAREEMI. Viva com leveza. São Paulo: Editora Gente, 2018.

KISHIMI, Ichiro; FUMITAKE, Koga. A coragem de não agradar. Rio de Janeiro: Sextante, 2013.

MINATEL, Isa. Temperamentos sem limites: como conseguir resultados com crianças da raiva com crianças da tristeza. São Paulo: Editora Figurati, 2019.

MIRANDA, Elaine. Educação inclusiva & a parceria da família: uma dimensão terapêutica. São Paulo: Literare Books International, 2021.

NELSEN, Jane; LOTT, Lynn; GLENN, Stephen. Disciplina positiva de A a Z. Barueri: Editora Manole, 2020.

_____. Disciplina positiva para adolescentes. Barueri: Editora Manole, 2019.

NOLÊTO, Patrícia. Filhos em construção: as necessidades da criança pela teoria do esquema. São Paulo: Literare Books International, 2021.

RAMOS, Rossana. Inclusão na prática. São Paulo: Summus, 2010.

ROSEMBERG, Marshall. Criar filhos compassivamente: maternagem e paternagem na perspectiva da Comunicação Não Violenta. São Paulo: Palas Athena, 2019.

SALOMON, Andrew. Longe da árvore. São Paulo: Companhia das Letras, 2013.

SIEGEL, Daniel J.; PAYNE, Tina. O cérebro da criança. São Paulo: nVersos, 2015.

TSABARY, Shefali. Pais e mães conscientes: como transformar nossas vidas para empoderar nossos filhos. Rio de Janeiro: Rocco, 2010.

Este livro foi composto em Crimson e Better Together Demo.
Impresso em Cartão Supremo 250 g/m² e Luxcream 70 g/m²
na gráfica Paym.